KB056539

나는
관계가
어려운
사람입니다

나는 관계가 어려운 사람입니다

정신건강의학 전문의가 알려주는
내 마음 다치지 않으면서 타인과 잘 연결되는 법

김민경 지음

언더라인

추천의 글

개인의 마음과 타인과의 관계는 깊이 연결되어 있고, 다양한 상황에 적절하게 반응하며 영향을 주고받습니다. 개인의 마음과 대인관계는 끊임없이 상호작동하기 때문에 이 두 가지 면을 다루어야 깊은 상담이 이뤄집니다. 개인, 부부, 가족을 상담하면서 저는 언제나 개인의 마음이 관계에 어떤 영향을 일으키고, 관계에서 표현된 방식이 개인의 마음에 어떤 영향을 주고 있는지를 보려 합니다. 그러한 시각을 가질 때 비로소 상담실 안에서 벌어지는 행동, 표정, 눈물, 분노, 낙심, 기쁨, 슬픔을 이해할 수 있습니다. 문제로 생각했던 내담자의 행동과 감정이 누군가로부터 받은 상처이고, 소중한 사람에게 사랑받고 싶은 소망을 숨기고 있음을 깨닫게 됩니다. 예를 들어 분노 행동을 통해서 멀어져 가는 소중한 사람으로부터 사랑받고 싶은 소망을 볼 수 있고, 도망가는 행동을 통해서 갈등을 겪고 싶지 않고 상처받고 싶지 않은 두려운 마음을 이해할 수 있습니다. 개인의 문제는 단순히 한 개인만의 문제가 아니며, 개인의 아픔은 관계를 통해서 깊이 회복됩니다. 이 책은 이에 대한 저자의 깊은 경험이 녹아 있습니다. 누구나가 경험하는 어려운 관계 속에 펼쳐진 심리를 깊이 깨닫게 해줍니다.

저는 연리지가족부부연구소에서 진행했던 〈정서중심 부부치료〉 교육과정에서 김민경 선생님을 처음 만났습니다. 저자는 오래 전부터 이 분야에 관심을 갖고 있었습니다. 정신건강의학과 전문의 자격을 얻으려면, 오랜 시간 공부하고 교육받고 상담경험을 해야 합니다. 그래서 전문의가 되고 나면, 새로운 학문과 치료법을 배우고 싶은 동기를 갖기가 쉽지 않습니다. 그런데 저자는 국제공인 〈정서중심 부부치료〉 기초 및 전문가 과정을 훌륭하게 이수했습니다. 개인과 관계 회복에 강한 열정을 가진 저자는 이 분야의 학문을 배우려는 후배 상담사들을 위해 바쁜 일정을 내려놓고 여러 해 동안 도우미 역할을 자처하여, 후배 전문가들에게 본인의 경험을 진솔하게 나누며 깊은 감동을 주었습니다.

저자가 '조심스럽게' 제게 추천사를 써달라고 부탁을 해왔습니다. 저는 조금의 '망설임도 없이' 그러겠다고 했습니다. 상담실에 찾아오는 내담자를 소중하게 생각하는 저자의 깊은 마음, 끊임없이 자기 능력을 발전시키려는 전문가의 열정, 그간 저자의 인간적인 편안함과 위로가 많은 일반 독자에게 전해질 기회라는 생각이 강하게 스쳐 지나갔기 때문입니다. 저는 책을 읽으면서 점점 깊이 빠져들었습니다. 무엇보다 쉽게 읽혀 좋았습니다. 그리고 전문의로서 적절한 근거를 제시하여 깊은 신뢰를 느낄 수 있었습니다.

1장은 관계에 영향을 받은 개인의 마음을 다룹니다. 읽으면서 스스로를 위로하고 있는 나를 발견하게 됩니다. 2장은 관계의 영향을 깨닫게 됩니다. 내가 맺고 있는 소중한 관계를 돌아보고 함께해야 함을 강조합니다. 3장을 본격적인 관계 회복의 이야기가 전개됩니다. 저에게 강하게 다가온 내용이 있습니다. 소중한 관계는 늘 개인에게 힘든 무게로 다가오기 쉽습니다. 저자는 그럴 때 '나를 위해서 관계라는 무게를 감당하기로 결정하자'라고 말합니다. 관계의 무게는 나를 발전시키는 원동력이라 말하며, 저자는 관계와 개인의 상호작용을 밝히고 있습니다. 4장은 자신을 받아들이는 시간입니다. 대부분의 상담사가 내담자에게 경험시켜줘야 할 '교정적 정서체험'을 책의 결론 부분에서 말하고 있습니다. 개인은 이전하고 다른 새로운 경험을 해야 변화됩니다. 새로운 경험은 결국 관계를 통해서 가능합니다. 사랑하는 사람이 있는 그대로의 나를 수용해줄 때 가능합니다. 곁에 있는 사람이 나에게 얼마나 가치 있고 소중한지를 알려줍니다. 책을 덮으면서 저자로부터 따뜻한 기운을 받았습니다. 이 책이 제시하는 다양한 자료와 저자의 깊은 공부와 체험은 많은 독자에게 위안을 주고, 깊은 회복을 경험하게 해줄 것입니다. 저자의 경험이 많은 독자들에게 전달되기를 바랍니다.

많은 사람들의 마음을 위로해줄 책《나는 관계가 어려운 사람입니다》는 독자 한분 한분에게 '소중한 관계'가 되어줄 것입니다. 이 책은 '마음'과 '관계'를 회복시켜줄 전문가의 뛰어난 처방전입니다.

- **박성덕**

정신건강의학 전문의, 연리지가족부부연구소 소장
국제정서중심치료센터 공인 정서중심 부부치료사 및 수퍼바이저
한국정서중심치료센터 설립자
《당신, 힘들었겠다》의 저자

서문

관계는
누구에게나 어렵습니다

매일 많은 사람들이 '관계'라는 숙제를 풀기 위해 상담실을 찾아옵니다. 가까운 이들에게서 받은 상처로 힘들어하고, 사랑하는 사람에게 상처를 준 사실을 깨닫고 후회합니다. 상처가 두려워서 관계를 단절했다가도 이내 그 관계에 목말라하고, 어떻게 다시 연결해야 할지를 몰라 당황스러워합니다. 역설적이지만 우리는 관계를 맺지 않고도 충분히 생존할 수 있는 사회를 맞이했습니다. 이제는 무인 가게를 어렵지 않게 볼 수 있고, 비대면으로 일을 하거나 온라인에서의 화상통화로 모임을 갖는 일도 익숙해졌습니다. 누군가를 만나거나 직접적인 소통 없이도 살아갈 수 있는 것이지요.

그렇지만 기계만 덩그러니 놓여 있는 곳에서는 안심이 되는 느낌을 받지 못합니다. 마치 낯선 도시를 방문했을 때, 높다란 벽으로 둘러싸인 육중한 건물들이 늘어선 길을 걷는 것 같은 느낌을 받는다고 해야 할까요? 우리는 이런 상황에서 쉽게 피로를 느낍니다. 사람들이 다니지 않는 낯선 길에서는 자신도 모르게 긴장을 하게 되기 때문이지요. 그래서인지 어느 나라든 관광객들에게 인기가 많은 장소가 야시장인지도 모르겠습니다. 어디서든 편안하게 음식을 즐기는 사람들이 많아 안전하게 느껴지는 것이지요. 이런 것을 증명하는 연구도 있었습니다. 도시 생활에 대한 다양한 연구를 한 덴마크의 건축가 얀겔JAN GEHL은 꽃이 가득한 정원을 바라볼 수 있는 벤치와 사람들이 지나가는 것을 구경할 수 있는 벤치 중 어느 벤치에 앉고 싶으냐는 선호도를 조사했는데요, 후자가 더 높은 비율로 나왔다고 합니다.

우리는 몇 번의 클릭만으로 배달 음식을 시켜먹고, 필요한 것을 주문하고, SNS를 통해서 내 감정과 생각을 가공해서 소통할 수 있습니다. 아무리 슬프고 괴로운 마음이라도 그렇지 않은 척 사진과 글을 올려 감추는 게 가능해졌습니다. 그래서 상처가 큰 사람들은 점차 고립되어 살아가기 쉽습니다.

수면 위로 드러나지 않은 외롭고 고독한 사람들의 어려움은 종종 미디어에 '노인 고독사' '청년 문제' '은둔형 외톨이' 등의 단어들로 언급되곤 합니다. 여러 가지 이유로 사람들과 관계를 단절하고 혼자 고립되어 살아가는 사람들은 충분히 만족스럽고 행복할까요? 우리는 그렇지 않음을 충분히 짐작할 수 있습니다. 《정의란 무엇인가》의 저자이자 하버드대 교수 마이클 샌델은 하버드대 강의에서 어떤 경험에 보상을 받을 수 있는 실험을 소개했는데요, 사람들은 산 지렁이 먹기나 앓니 뽑기 같은 경험보다 캔자스에서 여생을 보내는 데 가장 큰 보상을 선택했다고 말했습니다. 황량한 곳에서 쓸쓸하게 여생을 보내는 것은 누구에게나 피하고 싶은 경험일 것입니다. 한 연구에서는 배우자가 사망 후 혼자 남은 사람들은 건강이 악화되고 우울해질 우려가 높다는 결과가 나오기도 했습니다. 연구나 실험적 데이터를 언급하지 않더라도 저를 비롯한 많은 정신건강의학 전문의들이 우려하는 가장 안 좋은 상황은 가족이나 지인 없이 우울증을 앓는 사람입니다. 여기서의 가족이나 지인은 꼭 내가 도움을 받을 대상만을 말하는 것이 아닙니다. 우울증을 앓으면서 혼자 사는 것보다는 돌보는 아이나 반려동물이 있는 경우가 더 낫습니다.

나보다 연약한 대상이더라도 내가 우울한 것을 이겨내야 할 이유가 될 수 있고, 그들로부터 위안을 받을 수 있기 때문이지요. 우리가 누군가와 함께 있고 싶어 하고 그 누군가로부터 사랑과 위안을 받고 싶어 하는 것은 아마도 우리의 본능이자 유전자에 새겨진 것일지도 모르겠습니다. 진화인류학자들은 호모 사피엔스가 진화에서 살아남은 이유를 '함께하는 사교성에 있다'고 말하기도 했습니다. 혼자 고립되는 것보다는 함께 있는 것이 우리의 생존을 높여주기 때문입니다. 누군가와 함께하면서 부드럽게 접촉하고 눈맞춤을 하면서 위안을 주고받는 것은 정말 강력한 힘을 가지고 있는데요, '던바의 수'로 유명한 진화인류학자이자 옥스퍼드대 진화심리학과 교수 로빈 던바는 1초에 2.5센티미터의 속도로 피부를 쓰다듬으면 기분이 좋아지는 '엔도르핀'이란 신경전달물질이 분비된다는 것을 실험으로 증명하기도 했습니다. 우리가 슬프고 속상하거나 배가 아플 때 엄마가 살살 배를 쓰다듬어 주거나 어깨를 다독여주면, 마음이 가라앉고 통증이 줄어드는 것은 굉장히 과학적인 방법이었던 셈입니다.

이렇듯 누군가에게 위로와 사랑을 받으면서 좋은 관계만 유지해나간다면 좋겠지만, 때때로는 매우 파괴적인 방법으로 관계가 위태위태하게 유지되는 경우도 있습니다. 위안을 주기도 하고 기대할 수 있는 사람에게서 언어적·물리적 학대를 당하는 일도 있습니다. 그런데 홀로 남겨진다는 것의 본능적인 공포가 훨씬 큰 탓에, 학대라는 연결고리로 맺어진 관계일지라도 그것을 끊어낸다는 것은 굉장한 고통을 불러일으킵니다. 이러한 지점에서 우리는 관계의 어려움을 겪습니다. 소중한 사람들과 어떻게 해야 안전하게 연결할 수 있을지, 위험한 관계에서 어떻게 멀어져야 하는지 말이지요. 앞으로 나눌 이야기들에서 관계의 여러 가지 형태와 그 관계 속에서 어떤 자세를 취해야 하는지를 자세히 풀어가 보도록 하겠습니다.

15년이 넘는 시간 동안 정신건강의학 전문의로 일하면서, 관계로 힘들어하는 사람들을 크게 둘로 분류할 수 있게 되었습니다. 상대에게 인정이나 관심을 받기 위해 다가갔다가 쉽게 다치는 경우와 더 이상 상처받지 않기 위해 돌처럼 딱딱하게 갑옷으로 마음을 보호하는 경우입니다. 나타나는 현상은 다르지만 공통점이 있습니다. 둘 다 간절하게 사람들과 좋은 연결을 원하지만 그러지 못하기 때문에 자신의 마음을 보호하기 위한 어쩔 수 없는 전략을 취하는 것이지요. 대부분의 사람들이 관계에서 적응의 어려움을 겪다보면 잠을 잘 자지 못하고, 불안하고, 우울하고, 모든 일들이 의심스럽고, 공포가 생기는 경우가 제법 많습니다.

이를 적절하게 해결하기 위해서는 내 곁에서 그 아픔을 같이 들여다보고, 힘든 마음을 전달할 '누군가'가 필요합니다. 그렇지만 안타깝게도 어려움을 전달할 가족이나 마땅한 지인이 없는 경우도 있고 의외로 가까운 가족이나 지인에게 상처를 받는 경우도 많기 때문에, 마음이 너무 쓸쓸하고 외로울 때는 도무지 어떻게 마음을 연결해야 할지 몰라 혼란스러운 경우가 생깁니다.

저는 이 책을 통해 주위에 손을 내밀지 못하고 힘들어하는 사람들과 그들을 어떻게 도와야 할지 안타까운 마음을 가지고 있을 주변인들에게 도움을 주고 싶었습니다. 글을 쓰기 위해 저 자신부터 찬찬히 돌아보며 대인관계에서 일어난 다양한 일을 기술해보았습니다. 매일매일, 마음의 생채기를 앓고 상담실을 찾는 내담자들과 어렵게 길을 찾아갔던 경험을 돌아보며 이 책이 비슷한 어려움을 가진 분들에게 지도와 같은 역할을 했으면 하는 바람입니다.

고백컨대, 저 역시 누군가의 어려움을 함께 감내하며 그들이 이겨내도록 도울 수 있었던 것은 사랑과 인정으로 제 옆을 지켜주었던 사람들 덕분이었습니다. '관계'로 받은 상처는 반드시 '관계'로서 해결할 수 있다는 말을 글의 첫머리를 열며 전합니다.

- 김민경

차례

2장

미묘한 관계 줄다리기에서 나를 지키기 위하여

3장

유연하고 단단한 관계를 만드는 법

4장

내가 나로 자유로울 수 있게

1장

타인의 시선에 얽매여 관계에 휘둘리는 나

오늘 나의 공감은 완판되었습니다

폭염주의보가 경고된 여름 어느 날, 더위를 식히기 위해 한 카페에 들어갔습니다. 아이스 커피를 주문하려 계산대 앞에 서니 '반말을 사용하지 말아주세요. 앞에 있는 사람은 누군가의 가족입니다'라는 팻말이 눈에 띄었습니다. 얼마나 많은 사람들이 직원들을 함부로 대했으면 이런 표지판을 붙여놓았을까 하는 생각에 마음이 서글퍼졌습니다. 동시에 또 다른 생각이 떠올랐습니다. '아, 요즘은 서비스센터에 전화를 해도 이런 멘트가 나오지.'

최근에는 서비스센터를 비롯하여 문의 전화를 걸면 수화기 너머로 다정하고 긴 멘트가 들려옵니다. '지금 소중한 우리 가족이 전화를 받으려고 합니다' 등의 메시지를 통해 폭언과 막말을 하는 사람들에게 공감을 이끌어내려는 시도를 하는 것이지요.

숨 가쁘게 돌아가는 현대 사회에서 우리는 매일 오늘이 지나면 언제 만날지 알 수 없는 많은 타인들과 스치듯 지내지만, 오히려 더욱 많은 공감과 존중을 사람들에게 요구하고 있는 것 같습니다. 누군가를 이해하고 공감하는 것은 많은 에너지를 필요로 하는 일인데요, 그렇기 때문에 감정노동자들이나 타인의 감정을 읽어내고 공감하며 치료해나가는 심리치료사들과 의료인 등은 공감 피로를 더 잘 느낀다고 합니다.

공감을 잘 하는 사람들의 특징

그런데 이런 특정 직종에 종사하지 않더라도, 유독 마음이 여리고 타인의 감정에 쉽게 영향을 받는 사람들이 있습니다. 이런 사람들은 공감 능력이 매우 뛰어나고, 타인의 입장에 감정이입을 많이 합니다. 그래서 사람들의 눈치를 보거나 상대를 만족시키기 위해 부단히 노력을 합니다. 저를 찾아온 분도 이런 특징을 갖고 있었습니다. 그는 어느 곳에 입사를 하든, 늘 사람들의 기대에 부응을 하느라 무척 애를 썼다고 합니다. 매일 매일 사람들에게 에너지를 쏟다보니 쉽게 지쳐버렸고, 그 결과한 직장을 2년 이상 다닌 적이 없다고 해요. 어느 정도 일이 손에 익으면 "내가 믿고 있는 거 알지? A씨가 있어서 정말 든든해." 등 선배의 말에 과도한 책임감을 느꼈다고 합니다. 그러다보니 선배나 상사의 기대에 못 미칠까 걱정하고, 그들을 만족시키려 노력하다 보니, 일을 효율적으로 해내지 못할 지경에 이르게 되었고요. 그런데 문제는 여기서 끝이 아니었습니다. 새로 입사한 후배가 상사의 말을 잘 따르지 않고 요령을 자주 피우는 탓에, A씨가 중간에서 후배의 일까지 감당하게 된 것이지요. A씨는 몸과 마음도 지쳤지만, 부당한 대우를 받는 느낌 때문에 더욱 마음이 힘들었습니다. 그럼에도 상사의 인정이 너무나 소중했기 때문에, 차마 자신의 생각을 말하지 못했지요. 또한 후배들도 이해가 가지 않았고요. 결국은 '내가 카리스마가 부족한가?' '내가 선배답지 않나?'라는 생각에 이르게 되면서 자신을 비난하게 되었습니다. A씨는 어느 순간 번아웃이 되면서, 회사를 그만두고 상사나 후배들과의 연락도 모두 끊어버렸다고 합니다.

A씨처럼 직장에서의 관계가 문제가 되어 퇴사하는 경우도 꽤 있습니다. 사람들은 '갑자기 왜 저러지? 이럴 거면 미리 말하지'라고 쉽게 평가할 수 있지만, 당사자에게는 말하는 것도

매우 버거운 일입니다. 누군가의 인정을 받는다는 것, 내가 행동하고 느끼는 대부분의 동력이 외부에 있으면, 그것을 쉽게 놓지 못합니다. 많은 이들이 섬세한 A씨 같은 사람들을 좋아하고 의지합니다. 그렇지만 많은 A씨들은 "오늘은 내 공감이 바닥났어요!"라는 말을 잘 하지 못합니다. 그러다 지치면 결국 사람들과 '손절'하게 되는 것이지요.

누군가에게 인정받고 싶은 마음이 불러오는 것들

A씨뿐 아니라 많은 사람들이 적절하게 자신의 감정을 조절하고 "더 이상 내어줄 공감이 없어. 오늘은 내가 좀 쉬어야 해." 라고 말하지 못합니다. 스스로를 몰아붙이면서 타인에게 다정함과 성실, 인내를 자양분처럼 내어주다가 어느 순간 지치게 되는 것이지요. 이 문제를 어떻게 해결하면 좋을까요. 해답의 중심에는 '내 공감'도 고갈된다는 사실을 인정하는 것입니다. 남들에게 잘 공감하고 배려하는 것은 모든 사람들에게 환영받는 모습이기에 스스로 지쳐가는 것을 깨닫지 못하기 쉬운데요, 이 안에 함정이 있습니다. 누구에게나 헌신적이고 남의 입장에서 먼저 생각하며 다른 사람의 감정을 우선적으로 고려하는 것의 핵심을 잘 따라가보면 내면에 매우 강한 인정욕구가 있음을 알 수 있습니다.

누가 그렇게 하라고 채찍질을 하는 것도 아닌데 내 안의 강한 인정욕구가 스스로를 채찍질 하는 셈입니다. 새로 입사한 직원이 힘들어하고 적응을 잘 하지 못하는 것도 내 탓인 것 같고, 가만히 있을 수가 없는 것이지요. 남들이 퇴근하지 못하고 일을 하고 있으면, 나만 일찍 가는 게 미안해서 해야 할 일이 없어도 괜히 야근을 하고요. 이런 행동들은 사회성이 좋다, 인간성이 좋다 등의 말로 치장되기 쉽고, 승진이나 성공하는 데도 유리합니다. 그런데 그 균형을 잘 잡지 못하면 내면이 공허해지고, 나와 가까운 사람들과의 관계는 금이 가기 시작합니다. 핵심이 '인정욕구'에 있기 때문에 적당한 거리감이 있는 회사 사람들이나 지인들에게는 높은 공감 능력을 발휘하며 헌신합니다. 그 사이 몸과 마음은 지쳐가고, 지친 마음은 가까운 가족인 배우자나 부모에게는 짜증으로 나타는 경우가 매우 흔합니다.

이런 성향을 가진 사람들은 내가 주위 사람들을 늘 만족시킬 수 없다는 것을 자각하고, 그것이 내 탓이 아니라는 것을 받아들여야 합니다. 주위 사람들의 기대와 부응이라는 끈을 놓지 못하는 우리 주변의 수많은 A씨들은 오늘도 관계 때문에 이리저리 힘들어하는 중입니다.

왜 타인의 시선을 자꾸 의식하는가

아이가 어릴 때 종종 키즈카페에 가곤 했습니다. 아이들은 신나게 뛰놀고 어른들은 커피나 간식을 먹으며 아이들이 노는 것을 지켜볼 수 있어, 키즈카페는 부모와 아이들에게 모두 만족감을 주는 공간입니다. 키즈카페에서는 시간대별로 다양한 프로그램이 운영되는데요, 모든 아이들이 다 같이 신나서 방방 뛰는 시간이 있었으니 바로 '댄스 타임'이었습니다. 신나는 동요가 울려 퍼지면 모든 아이들이 무대로 뛰어나와 춤인지 뜀박질인지 알 수 없는 동작을 하며 흥겹게 시간을 즐겼습니다.

주위 아이들이나 어른들의 시선은 아랑곳하지 않고 몸을 자유롭게 이리저리 흔들며 뛰는 아이들의 모습을 보고 있으면 절로 기분이 좋아져서, 저도 발끝을 까닥거리며 장단을 맞췄던 기억이 있습니다. 그때 자연스럽게 떠오른 장면이 있었는데요, 운동회나 소풍에서 사회자의 재량으로 마련된 어른들의 댄스 타임입니다. 아이들과는 달리 청소년기 이후의 성인들을 대상으로 한 모임에서 환한 대낮에 대중들 앞에서 음악을 틀어놓고 댄스 타임을 가진다고 하면, 끼가 충만한 몇몇을 제외하고는 얼어붙어 춤은커녕 몸을 움직이는 것조차 버겁습니다. 대부분 '나는 춤을 잘 못 추는데…' '갑자기 웬 댄스 타임이람' '사람들이 나를 보고 뭐라고 생각할까…' 등을 하며 곤란한 표정을 지은 채 서 있을 거예요.

누구나 어느 정도는 타인을 의식합니다. 그 중에는 일상에 지장을 줄 정도로 신경을 쓰는 사람들도 있습니다. 타인의 시선으로 인해서 생기는 대표적인 병이 바로 '사회공포증'입니다. 흔하게는 발표불안이나 무대공포증 등도 있는데요, 모두가 청소년기 이후에 생기는 증상들로, 사람들 앞에 서면 마음이 두근거리고 불안해서 견디기 어려워합니다. 여기서 우리는 작은 힌트를 하나 얻을 수 있습니다. 바로 사람은 성장하면서 다른 사람을 의식하는 마음이 생긴다는 것이지요.

아주 어릴 때는 모든 세상이 자기중심으로 돌아갑니다. 배가

고프면 울고, 장난감을 사주지 않으면 갑자기 주저앉아 소리를 지르기도 하지요. 아이들은 대부분 어른의 눈치를 보거나 '내가 울면 엄마가 곤란해지겠지' '내가 울면 다른 사람들이 어떻게 생각할까' 등의 생각을 하지 않습니다. 주의 시선을 의식하지 않고 오로지 자신의 욕구에 충실한 반응을 할 뿐이지요. 그런데 그 나이 또래의 아이들이 당연히 보이는 반응을 보고 이렇게 말하는 부모들도 종종 있습니다.

"아이가 일부러 그러는 거 같아요. 눈치가 있을 텐데 저를 골탕 먹이려고 그러나 봐요"

어른들의 생각과 시선으로 아이를 바라봐서 오해가 생기는 겁니다. '네가 이기나 내가 이기나 해보자' '벌써 나를 이기려고 하네'라는 마음으로 아이를 다그치고 힘으로 누르면 어떻게 될까요? 그 나이 또래의 아이들은 원래가 자기중심적입니다. 그것이 충족되지 않으면 격한 감정이 터져 나올 수 있습니다.

나를 중심으로 돌아가던 세상이 아동기를 거쳐 청소년기에 접어들면서 자의식이 생기며 조금씩 변해갑니다. 다른 사람들의 시선을 의식하고, 종종 부끄러운 감정을 느끼기도 하고, 다른 사람들에게 내 모습이 어떻게 비춰질까를 고려하게 되는 것이지요. 개개인의 타고난 성향이나 성장 과정에서 주위 사람들과의 관계에 따라 정도의 차이는 있을 수 있지만, 청소년기 이후 다른 사람의 시선을 의식하는 것은 당연합니다. 이 시기에 개인의 고유한 특성인 '자아'가 형성되고, 주위 사람들의 시선을 의식하고 감정이나 기대에 부응해서 행동하는 '사회화' 과정을 겪게 됩니다. 청소년기에는 유독 집단의 유행이나 친구들과의 관계가 중요해지는데요, 때문에 이 시기의 '왕따'는 사회적 문제로 부각이 되기도 합니다. '나'와 '우리'를 오가면서 감정을 느끼고 행동하고 어울려 살아가는 것을 잘 적응해나가지 못하면, 지나치게 타인을 의식하거나 타인과의 조율이 힘들어집니다. 그 결과 매우 위축되어 혼자서만 있으려고 하는 성향으로 굳어질 수 있습니다.

수학 공식으로 해결할 수 없는 관계

타인을 지나치게 의식하는 것에서 자유로워지고 싶어서 상담실에 찾아오는 분들이 꽤 많습니다. 사람과의 관계는 수학문제를 풀거나 새로운 지식을 습득하는 것과는 매우 다릅니다. 나와 타인을 오가며 경계를 잘 유지하는 것을 끊임없이 연습해야 하는데요, 이 연습을 하지 않으면 사회생활이 큰 부담으로 다가올 수 있습니다.

대체로 학창시절까지 우리는 지식의 축적으로 평가를 받습니다. 지난 십수 년간 학교에서 배운 지식과 공부하는 방법은, 사회에서 사람들과 관계를 맺고 사람과의 문제를 해결하는 것과는 굉장히 다른 차원의 문제라서, 학교에서는 우수한 성적으로 졸업한 사람이라도 사회생활을 시작하면 좌충우돌하는 경우가 적지 않습니다. 역설적으로 대인관계에서 상처가 깊은 경우 학문적 성취로 인정욕구를 채우려고 하는 경우도 많아, 학업 성적이 우수하고 전문직 자격증을 갖춘 사람들 중에서 유독 대인관계를 어려워하고 팀으로 일하는 것을 힘들어하는 사람들도 있습니다. 혼자서 책이나 컴퓨터 프로그램과 씨름하는 것과 사람들과 교류하는 것은 전혀 다른 차원의 뇌를 사용하는 일이기 때문입니다.

고등학교 체육 시간에 테니스 수업이 있었습니다. 수십 명이 체육 선생님 한 분에게 배우는 거라 수박 겉핥기식으로 배웠지요. 대학에 입학해서 이왕 배운 운동이니 계속 이어나가고 싶은 생각에 테니스 동아리에 가입했습니다. 그런데 고교 시절 잘못 익힌 스윙 자세로 인해 꽤나 고생을 해야 했습니다. 자세를 교정하는 데는 잘못된 자세로 운동을 해왔던 기간만큼이 소요되더라고요. 운동이나 악기 연주도 머리로 이해하는 지식과 달리 몸으로 익히는 것인데요, 대인관계도 이와 비슷합니다.

누군가가 말을 걸어오거나 혹은 지시를 내렸을 때 개개인이 그것을 받아들이고 반응하는 것은 천차만별입니다. 내 감정 판단의 기준이 타인에게 있는 경우, 즉 다른 사람들의 시선을 지나치게 인식할 때는 사소한 일에도 흔들리기 쉽습니다. 타인을 지나치게 의식하다 보면 중요한 명제를 떠올리지 못하는 경우가 많습니다.

'일을 하다보면 실수를 할 수도 있고 차차 배워나가는 거지'

'일을 그르치더라도 내 존재에 문제가 생기는 건 아니야'

직업을 선택할 때 적성, 전문성, 경력, 보수, 복지, 출퇴근 거리 등을 고려하는데요, 실제 직장에서의 성패를 가름하는 '누구'와 일하게 될지는 별로 염두에 두지 않습니다. 이것은 우리가 선택하기 어려운 부분이기 때문일 것입니다. 직원뿐 아니라 운영자나 상사도 마찬가지입니다. 서로를 잘 배려하고 누군가에게 공감해주는 능력이 정말 중요함에도 아직까지 사회에서는 이런 능력이나 성향을 높게 평가하거나 입사 시 상대적으로 중요하게 여기지 않습니다. 그렇기 때문에 직장생활에서의 대인관계로 인한 어려움은 '크냐, 작으냐'의 문제일 뿐, 늘 발생하는 일이지요.

직장이란 대체로 내 커리어와 닿아 있고 한 분야에서 전문가로 인정받기 위해 오랜 시간을 투자해야 합니다. 힘들게 성취한 경력인데, 느닷없이 대인관계가 발목을 잡는다면 훨씬 더 어려움을 겪게 됩니다. 반드시 상대에게 인정이나 칭찬을 받아야 한다고 생각하면 상대의 사소한 지적에도 얼어붙고 급격하게 자신감을 잃게 됩니다. 이것은 또 악순환을 낳습니다. 주눅이 들어 제대로 된 자기주장이나 질문을 하지 못하게 되는 것이지요. 온종일 실수하지 않으려고 긴장해서 일하다 보면 녹초가 되기 십상입니다. '그냥 그만둘까?' 이런 생각을 하루에 수십 번씩 하다가도, 오랜 기간을 이 일을 하기 위해 준비했던 시간들을 떠올리면, 그만두는 순간 내 존재가 없어져버릴 것 같은 위기감이 엄습해와 이러지도 저러지도 못하게 됩니다.

혼자서 열심히 공부하여 성과를 냈던 사람들은 직장에서도 비슷하게 일합니다. 자신을 몰아붙이듯이 부하직원이나 동료들을 채찍질 하는 것이지요. 그런데 나만 잘하면 되는 영역과 다양한 능력을 가진 사람들이 모인 조직에서 사람들의 화합을 이끌어내는 것은 전혀 다른 차원의 문제이기 때문에, 지나치게 열정적인 사람들이 지위가 높아졌을 때 부하직원이나 동료들과 갈등이 생기는 경우가 적지 않습니다. 이는 마치 혼자서 백 미터 달리기를 하는 것과 여럿이서 함께하는 이어달리기와의 차이로 비유할 수 있습니다. 전력을 다해 백 미터를 완주하는 실력을 갖추었더라도 사람들과 소통하고 호흡하지 못한다면 이어달리기에서의 완주는 어려울 수 있습니다. 직장은 누군가와 협력하고 소통하지 않으면 쉽게 지치고 갈등이 생기기 쉬운 곳입니다. 그렇기에 내가 가진 '관계'라는 도구를 평가받는 곳인지도 모르겠습니다.

내 마음이 마그마 같은 분노라는 감정에서 허덕이다

"평소에는 저도 제 마음을 잘 모르겠어요."

"갑자기 화를 낼 때가 있는데, 후련한 기분도 들지만 이렇게 해야 사람들이 저를 좀 봐주는 거 같아서 속상해요."

주변에 감정을 잘 드러내지 않는 사람들이 꽤 있습니다. 내담자 B씨도 평소에는 좀처럼 감정을 잘 드러내지 않다가 한 번씩 참았던 감정을 확 터트리는 성격으로 일상에 문제가 생겨 상담실을 찾았습니다. B씨는 겉으로 보기에는 몸과 마음이 단단해 보이고, 서글서글한 인상으로 주위 사람들에게 이런 저런 부탁도 많이 받는다고 해요. 사회생활에서는 이처럼 사람들에게 보이는 모습인 '페르소나persona'가 필요하지요. 싹싹한 모습과 성실함이라는 페르소나는 사회생활에서 매우 유용하니까요. 그런데 내면을 돌보지 못하고 페르소나에만 얽매이면, '페르소나'라는 옷이 수시로 나를 옥죄이기 마련입니다.

피하기 어려운 분노라는 이름의 감정

씩씩한 목소리에 예의 바른 모습의 옷을 벗으면, 그날 있었던 일들이 머릿속에서 영화처럼 상영되면서 그 순간에는 느끼지 못했던 감정들이 올라오기 시작합니다. '왜 나에게 그런 말을 했을까?' '나를 무시하는 것은 아닐까?' '늘 이런 식이야!' '나만 계속 참아야 하는 걸까?' '사회생활이 원래 이런 걸까?'라는 생각들로 마음이 괴로워지기 시작합니다. 이때 마음속에서 '분노'라는 감정이 조금씩 꿈틀거립니다. '분노'는 굉장한 에너지를 가지고 있기 때문에 피하거나 계속 눌러두기가 힘듭니다. 마그마처럼 계속 끓어오르다가 어느 순간 폭발하고 말지요. B씨도 참다 참다 분노라는 감정이 터져버렸습니다. 그런데 분노를 터트리는 타이밍이 적절치가 않았습니다. 갑작스러운 분노는 사람들로부터 감정적이고 예민한 사람으로 오해받기가 쉽습니다.

B씨는 회사에서 한두 번 불같이 화를 내었더니, 이제 꽤나 성

격 있는 사람으로 평가되어 이전과 달리 주위에서 조심스럽게 대합니다. 이런 극과 극을 오가는 상태가 불편해져 그는 또 직장을 옮기고 말았습니다.

사람은 행복, 기쁨, 슬픔, 외로움, 수치심 등의 다양한 감정을 가지고 있습니다. 정서란 이성과 딱 분리해서 구분하거나 우리 뇌에서 따로 돌아가는 체계가 아니기에, 내 정서에 따라 이성적 판단이 영향을 받기도 합니다. 우리의 정서는 태어나서 성장하면서 뇌의 회로를 구성해나갑니다. 성장기에 부모님 혹은 가까운 사람들과 감정 교류가 많은 경우는, 뇌의 회로가 훨씬 풍성하게 형성이 됩니다. 일기를 쓰고, 부모님에게 하루에 있었던 일을 재잘재잘 이야기하고 친구들과 일상을 나누는 것들 말입니다. 부모님이 너무 바빴거나 혹은 부모님들의 잦은 불화로 집안이 시끄럽고 불안정한 경우라도, 내 말을 잘 들어주었던 선생님이 계셨거나, 내 일상을 공유하고 이야기를 나눌 수 있었던 친구가 있다면 이 또한 큰 도움이 됩니다. 영국의 정신분석가인 피터 포나기Peter Fonagy에 의하면 어린 시절 누군가로부터 충분히 지지받은 경험이 어린 시절에 3분의 1 정도만 되어도 스스로의 마음을 단단하게 만들 수 있다고 했습니다.

내 마음을 누군가에게 털어놓을 수 없는 상태로 오랫동안 성장하면, 뇌의 회로는 다양한 감정을 소중한 정보로 인식하지 못하고 가지치기를 합니다(성장기에서 자극을 받지 못한 뇌세포들이 청소년기가 지난 후에 정리되는 현상을 뇌의 가지치기라고 합니다. 예를 들어 어린 시절, 악기 연주를 잘 하지 못하면 이에 해당하는 뇌세포들은 가지치기가 되어 사라지고, 성인이 되어 다시 배울 때 매우 많은 시간이 걸립니다). 이런 경우 자신의 감정을 잘 모르는 경우가 생깁니다. 더군다나 슬픔, 외로움, 수치심 등의 약한 감정들은 마치 벌거벗은 몸과도 같아서 누군가에게 쉽게 꺼내 보일 수가 없습니다.

용기를 내어 슬픔을 꺼냈는데 제대로 위로받은 경험이 없었다면, 슬픔을 해결하는 유일한 방법은 꽁꽁 싸매서 감추는 것일 테니까요. 그렇게 약한 감정들은 내 안에서 숨어 지내고 있다가, 외부에서의 자극이 누적되면 '분노'라는 큰 화산으로 폭발하게 되는 것이지요. B씨 역시 "이것 좀 제대로 하지." "내가 시키는 대로 해요."라는 동료의 말이 수치심과 낮은 자존감을 건드려 마음속에 꾹꾹 눌러두었던 분노가 한계점에 이르러 활화산처럼 한꺼번에 폭발했던 것입니다.

좀처럼 마음을 털어놓지 못하는 사람들은 마치 단단한 갑옷을 입은 것과 같아서 감정을 드러내는 것을 굉장히 힘들어합니다. 깊이 감싸고 보호해야 안전하다고 느끼고 살아왔기 때문인데요, 감정을 감싸는 단단한 갑옷을 벗어 던지고, 가벼운 옷으로 갈아입는 시도를 조금씩 해보는 것이 필요합니다. 가장 좋은 방법은 믿고 신뢰할 수 있는 누군가에게 편하게 마음을 털어놓고, 그 경험이 도움이 되고 안전하다는 것을 깨닫는 것입니다. 이런 용기가 쉽게 생기지 않는다면 스스로의 마음을 일기나 수필을 통해 조금씩 표현해보는 것도 도움이 됩니다. 언어로 표현하기 힘들다면 그림을 그리거나 낙서를 하는 것도 좋습니다. 제가 내담자들에게 이런 방법을 권유하면, "저는 글을 잘 못 쓰는 걸요." "그림은 그려본 적도 없어요!"라고 손사래를 치시는 분들도 많은데요, 누군가에게 보여주기 위한 글과 그림이 아닌 내 마음을 표현하는 수단이라고 생각해보세요. 어떤 면에서는 SNS에 표현하는 단편적인 글이나 끄적거리는 마음들이 그런 통로가 될 수 있습니다. 공감하는 댓글이나 '좋아요'에 위로를 받기도 하고요. 그러나 댓글의 여부나 '좋아요' 수 등에 집착하여 실망하고 상처받게 될 수도 있으니 주의해야 합니다. 그런 면에서는 나만 볼 수 있는 노트에 한두 줄이라도 내 마음을 적어보는 연습이 더 안전하고 도움이 됩니다.

나의 존재 여부를 화로 표현한다면

종종 대인관계에서 누군가에게 자신의 감정을 말할 때 마치 지나가는 정찰기를 향해 소리치듯이 표현하는 사람들이 있습니다. 울부짖지 않으면 전달이 안 되는 것처럼 강하게 전달하고 때로는 상처를 주는 말도 서슴지 않습니다. 그런데 그 내면을 들여다보면 마음속에는 회색 곰의 습격을 받아 홀로 남겨진 아이가 숨어 있지요. 너무나 절박하여 벗어나기 위해서는 소리치지 않으면 안 되는 것이지요. 대인관계에서도 자신의 요구가 잘 받아들여지지 않으면 쉽게 실망하고 좌절하고 때론 상대에게 끊임없이 요구를 늘어놓기도 합니다.

아마도 부드럽게 이야기했을 때 잘 전달이 되지 않았던 경험이 많았을 겁니다. 그래서 늘 강하고, 화가 난 모습으로 내 생각을 전달하는 것이지요. 그 갈등이 가장 쉽게 드러나는 관계는 아무래도 부부사이에서입니다. "다른 집은 남편들이 자상하고 아이들한테도 다정하다는데, 당신은 뭐 하나 잘하는 게 없어요?" "늘 술이나 마시고 밤새 게임하고 여기가 하숙집이에요?" 처음에는 이렇게 강하게 말하지 않았을 것입니다. 세월이 쌓이면서 부정적인 경험이 쌓였을 거예요. 부드럽게 말을 건네도 보았지만, 귓등으로도 안 듣는 것 같은 배우자의 태도에 점차 화가 나고, 목소리가 올라가고, 변화가 없으니 같은 말을 자꾸 반복하게 되는 겁니다. 지금 아니면 언제 구조될지 모르는 사람처럼 정찰기를 향해 소리치는 것이지요. 상대로부터 사랑받고 인정받지 못하고 있다는 감정에 압도되면, 견디기 힘든 감정의 파도가 하루에도 몇 번씩 들이칩니다. 이럴 때 상처를 받지 않는 가장 좋은 방법은 관계를 차단하는 것입니다.

아무리 사이가 좋았다가도 상대의 작은 실수에도 과감하게 손절한다는 사람들의 심리에는 상처받지 않고 싶어 하는 마음이 내재되어 있습니다. 점차 의지하게 되고 쉽게 상처받게 되면 그 사랑을 잃지 않기 위해서 목청 높여 소리를 쳐야 할 테니까요. 그 고단함을 알기에 빨리 차단하고, 직장을 옮기고 그렇게 대인관계를 쉽게 바꿔갑니다. 그런데 결혼한 부부이거나 가족 사이에서는 관계를 차단하는 게 쉽지 않습니다. 목청껏 외쳐보지만 상대가 묵묵부답일 때는 화병이나 우울증이 생기기도 합니다. 모두 관계의 경계를 잘 세우지 못해서 일어나는 일들입니다. 나와 타인 사이의 적절한 경계를 두었을 때 오히려 내 마음을 알아챌 수도 있고, 타인에게 안전하게 다가갈 수 있습니다.

이성적인 사람은 관계의 고통에서 자유로울까?

아프리카에 에볼라가 창궐했을 때, 한국인으로는 최초로 구호가 역할을 한 '국경없는 의사회'의 정상훈 작가는 그의 저서 《어느 날 죽음이 만나자고 했다》에서 부모님의 모습을 이렇게 회상했습니다.

> 부모를 싸우게 만든 감정이란 아이에게 정체불명의 괴물처럼 느껴졌다. 그는 감정으로부터 도망치는 수밖에 없었다. 소년은 철이 일찍 들었다. 부모님이 서로 사랑하기를 간절히 소망지만, 불가능한 것을 바라느니 소망 자체를 부정하는 것이 상처를 덜 받는 방법이었다.

늘 감정적으로 격앙되어 있던 어머니와 그에 맞서 침묵으로 일관한 아버지의 사이에서, 아이였던 그가 할 수 있는 것은 거의 없었을 것입니다. 트라우마 치료의 권위자인 대니얼 J. 시겔 Daniel J. Siegel은 어린 시절 가까운 사람들과의 관계에서 다양한 감정을 느끼고, 그 감정과 연관된 관계들의 의미를 경험하지 못하면 감정과 관련된 뇌 영역이 축소된다고 했습니다.

가장 따뜻하고 위안이 되어야 할 공간이 늘 긴장되고 때로는 무섭고 벗어나고 싶은 공간으로 탈바꿈하는 순간, 감정은 경험해야 할 것이 아니라 도망가고 피해야 할 것으로 자리 잡게 됩니다.

성인이 된 그는 스스로에게서 아버지의 모습을 발견하고 비로소 '때로는 침묵이 주먹보다 더 아프다'라고 말합니다. 배우자가 격앙되어 공격하거나 비난할 때, 그 이면의 사랑에 대한 요구를 알아차리지 못하는 많은 사람들은 공격이나 비난을 견디지 못해 도망가거나 침묵합니다. 같이 공격하면 관계가 산산조각이 나버릴 것만 같은 불안감 때문이지요. 침묵은 때로는 화가 나 있는 상대에게 가장 큰 무기가 되기도 합니다.

어린 시절 정서적으로 불안정한 경험을 많이 하면 감정으로부터 도망치게 되고, 그로 인해 이성이 굉장히 발달합니다. 슬프고 불안한 마음을 느끼지 않으려고 공부와 일에 더욱 매진하게 되는 것인데요, 우수한 성적과 직장에서의 인정은 자칫 일 중독에 빠지게 합니다. 그래서 그런지 사회적으로 크게 성공한 사람 중에 가족 간의 감정의 골이 깊게 드리운 사람들을 목격하는 것은 드문 일이 아닙니다. 이들은 논리를 추구하고 매사에 원인과 결과가 분명한 일을 다루는 것에는 매우 능숙하지만, 사람들 사이의 미묘한 갈등을 마주하면 어찌할 바를 모릅니다. 겉으로는 감정의 동요가 전혀 없는 냉철한 모습이지만, 마음 깊은 곳에는 불안과 슬픔을 느끼고 싶어 하지 않는 도망가고픈 아이가 숨어 있기 때문입니다.

적당한 거리 두기가 불가능한 상황을 마주할 때

직장이라는 특정한 공간은 그래도 발붙일 수 있는 편입니다. 같은 일을 하기 위해 모였기에 적당히 거리감을 둔 채, 내 일만 열심히 하면 웬만한 일들은 해결이 되는 듯합니다. 갈등을 피하기 위해 오히려 스스로 일을 더 많이 하기도 하지요. 그러면서 인정받고, 감정을 드러내지 않고 상대의 공격을 자연스레 피하는 것이 그들이 평생 해온 최선의 적응 전략입니다. 이런 성향의 사람들은 정상훈 작가가 말한 것처럼 '감정'이라는 괴물이 나타나면 일단 도망가야 했습니다. 수학 문제를 풀고, 직장에서의 프레젠테이션을 만드는 것은 마음의 안정을 제공하지만, 누군가와의 갈등은 마음속 깊은 곳에 숨어 있는 알람을 울리게 합니다. 이들이 갈등을 겪게 되는 첫 위기는 결혼 후 관계에서입니다. 친구관계에서나 연인관계라도 매일 24시간 내내 일상을 공유하지 않기 때문에 적당히 거리를 두고 좋은 모습만 주고받는 게 어느 정도는 가능합니다.

그런데 결혼을 하면 생활을 함께하고, 양가 부모님과의 관계와 현실적인 경제적 문제를 같이 해결해야 합니다. 게다가 돌봐야 할 어린아이까지 생기면 상황이 180도 달라집니다. 힘든 일을 매일 마주하게 되고 배우자의 매달림과 아이들이 요구하는 돌봄 욕구가 압박하기 시작하지요. 이것은 이성의 영역이 아니라 온전히 감정의 영역입니다. 위로해야 하고 아픔을 같이 견뎌야 하고 슬픔을 나누어야 합니다. 이들에게는 겪어보지 못한 위기입니다. 감정적 상황을 회피하려고 하고 도망가려는 사람들을 부부관계에서는 '위축자'라고 부릅니다. 그런데 이들은 상담실에서 매우 젠틀한 모습을 보입니다. 이성적으로 모든 것을 설명하려 하고, 잘못했다고도 말하며 앞으로 잘하겠다는 다짐을 하지요. 때로는 배우자의 요구에 도망가듯이 치료 현장에서도 나가려는 모습을 보이기도 합니다.

이들이 겪는 어려움은 관계에서 누군가의 슬픔과 외로움을 같이 견디지 못하는 것에 있습니다. 왜 그럴까요? 이유는 매우 간단합니다. 너무나 두렵기 때문이지요. 감정은 이성적으로 이해하는 것이 아니라 경험하고 몸으로 익혀야 하는 것으로 이것들은 시간이 많이 필요한 싸움입니다.

이성적인 사람들의 두뇌는 논리를 맞추고 정리하는 것에는 익숙하지만, 논리로 설명이 힘든 상대의 감정을 받아들이고 인정하는 것에는 서툽니다. 스스로가 슬프거나 힘든 일을 겪었을 때, 누군가에게 털어놓고 위로를 받으면서 해결해본 적이 없거나 혹은 그런 방법보다는 억압하거나 애써 무시하며 일이나 공부에 몰두하면서 이겨냈던 사람들이라면 같은 방법을 시도하기 쉽습니다. 감정을 이해받고, 인정받고 싶은 누군가에게 '감정에 빠져 있지 말고 힘을 내봐' '다른 것에 집중해봐'라는 식으로 접근하는 것이지요. 스스로가 이런 방식으로 괴로움을 이겨냈기 때문에, 이런 반응이 어쩌면 이들에게는 당연합니다. 그 이유는 사랑하는 사람의 슬픔을 같이 느낀다는 것은 정말 힘든 일이기도 하고, 때로 '힘들다, 고통스럽다'라는 호소에 무엇인가 해결책을 마련해줘야 한다는 책임감과 좌절감을 느껴 더 힘들기 때문입니다.

특히나 성장기에 있는 아이들은 다양한 감정, 그것이 설사 슬픔이나 수치심, 두려움 같은 불편한 감정일지라도 부모들로부터 "그렇게 느낄 수도 있어." "그런 감정을 느껴 참 힘들겠구나."라는 인정을 통해, 감정이라는 섬세한 영역이 발달하고 힘든 감정을 이겨낼 힘을 키우기도 합니다. 그런데 "바보같이 왜 그렇게 약한 모습을 보여." "그렇게 약해서 세상을 어떻게 살아가려고 해?"라는 말을 듣게 되면, 스스로 느끼는 감정을 부정하고 억압하게 됩니다.

감정을 주고받는 패턴은 나와 부모님, 나와 자녀로 아주 긴밀하게 연결되어 있습니다. 많은 사람들이 연인이나 배우자에게 위로를 받고 싶어 하겠지요. 사랑하는 사람이 슬퍼하거나, 갈등으로 부딪힐 때는 지금까지 해왔던 방식이 아닌 다른 방식으로 접근해봐야 합니다. 살아오면서 가장 도움이 되고 사회생활에 무기가 되었던 이성적인 논리와 해결책을 내려놓고, 스스로와 상대의 감정에 머물고 느껴보세요. 당장 속 시원한 해결책을 내놓지 않아도 괜찮습니다. 그저 상대의 아픔을 느끼고 그것을 표현하는 것만으로도 도움이 된다는 사실을 기억하세요.

모든 질문에 답할 필요는 없다

제가 알고 있는 어떤 분은 심성이 선하고 공감 능력이 뛰어나 가까이 지내고 싶어 하는 사람들이 많습니다. 그래서인지 지나치게 민감한 질문들을 많이 받는다고 합니다. 가족관계나 직업 등을 자연스럽게 물어오는 것은 물론 남자친구와의 내밀한 관계에 대해 물어보는 사람도 있다고 합니다. 그는 대수롭지 않게 대답을 해주지만, 집에 돌아와서는 사생활을 너무 많이 말한 것 같아 후회를 한다고 해요.

많은 사람들이 제 지인처럼 주위 사람들의 모든 질문에 답해야 할 거 같은 부담을 느낍니다. 누군가가 훅 치고 들어오면 일단 대답부터 하게 되는데, 말을 하다보면 어느 순간 사생활을 너무 깊이 드러내고 있는 것이지요. 고통은 그 후에 찾아오는데요, '사생활을 너무 많이 말한 거 아닌가?' 하는 생각에 괜히 걱정이 되고, 누군가 자신의 얘기를 하고 다닐 거 같은 불안감도 듭니다. 종종 자신이 한 말이 의도와 달리 회자되고 이상한 이야기로 변질되어 누군가로부터 떠도는 소문의 하나로 듣게 되었을 때는 굉장히 기분이 상하지요. 이런 일이 반복되면 대인관계에 자신이 없어지고 나를 불편하게 했던 사람들과 관계를 끊어버리기도 합니다. 상대방은 그동안 사이가 좋았다고 생각했는데 관계가 단절되니 당황해합니다.

관계 속에서 내 마음 지키기

대인관계에서 상처를 받지 않으려면 내 감정을 보호할 옷이 필요합니다. 더운 여름에는 얇은 옷만으로도 충분하지만 추운 겨울에는 두꺼운 코트가 필요합니다. 감정도 지금 내 상태에 따라 옷의 두께를 변화시킬 필요가 있습니다. 스스로가 자신감에 넘치고 마음이 편한 상태라면 우리의 내면은 마치 여름처럼 해가 쨍쨍한 날과 같을 거예요. 그럴 때는 아주 얇은 보호막만 있어도 괜찮습니다. 사람들과 사소하게 나누는 얘기들, 소소하고 때로는 내밀한 사생활을 나눈다 해도 상대의 반응이 상처로 다가오지 않습니다. 금방 휘발되고 그 순간의 소통의 즐거움에 좀 더 몰입할 수 있는 것이지요. 반대로 스트레스가 많은 상태이거나 몸과 마음이 지쳐 있다면 내 감정을 두껍게 보호해야 합니다.

내 마음이 힘들 때는 감정과 기억에도 혼선이 생기기 쉽고, 상대의 말이나 감정 표현 중에서 부정적인 것을 더 잘 느끼게 되기 때문에 사소한 대화에서도 상처를 받기 쉽습니다. 이럴 때는 내 이야기를 조금만 오픈하는 게 좋습니다. "요즘 연애는 좀 어때요?" "다이어트 한다더니 잘 되요?" 이런 질문을 준비할 새도 없이 갑자기 받게 되었다면 곧이곧대로 대답할 필요가 없습니다. 대화 주제를 살짝 돌리거나 혹은 "뭐, 그냥 그래요. 그나저나 곧 휴가인데 어디가요?" 이렇게 슬쩍 넘어가는 것이지요.

그런데 이런 것도 연습이 필요합니다. 좀 당황해하거나 대답을 하려고 답을 찾는 모습을 즐기며 짓궂게 질문하는 사람들이 종종 있기 때문이지요. 몸과 마음이 지쳐서 지금은 내 감정을 보호해야 할 때라고 느낀다면, 내 이야기를 안전하게 잘 들어줄만한 소수를 제외하고는 내 감정과 생활을 많이 드러내지 마세요. 상대의 친근한 질문을 거절할 수 있어야 합니다.

노벨상을 수상한 작가 가즈오 이시구로의 작품《클라라와 태양》에서는 대인관계가 서툰 아이들이 나옵니다. 주인공인 조시는 어느 날 친구들이 무척이나 의지하고 사랑하는 인공지능 로봇 클라라를 비하하는 것을 듣게 됩니다. 친구들은 최신 로봇이 아니라는 것, 공중제비를 못한다는 것 등 클라라의 단점을 연달아 지적하며 조시를 압박하는데요, 조시는 친구들의 말에 어떻게 대응해야 할 줄 몰라 당황해하며 "최신 로봇을 살걸 그랬네?"라고 마음에도 없는 말을 하고 맙니다. 물론 진심이 아니었지요.

누군가와의 대화에서 분위기에 휩쓸려 말을 하다보면 '내가 지금 무슨 말을 하고 있지?'라고 느낄 때가 종종 있습니다. 이런 대화에서 우리는 크고 작은 상처를 받고, 관계를 단절하는 게 나을까를 고민하게 됩니다. '나에게 안전한 관계인가?' '지금 내 상태가 좀 편안한가?'를 생각해보세요. 둘 다 아니라고 느낄 때는, 모든 질문에 답하지 않아도 됩니다. 적당한 거리감을 두고, 옷을 단단히 입고 내 감정을 보호하세요.

상처는 누가 주는 게 아니라 내가 그냥 받는 것이다

제가 과거에 대학병원이나 규모가 있는 병원에서 일을 했을 때였습니다. 그곳의 직원들은 환자를 돌보는 것뿐 아니라, 많은 동료들과 교류하며 소통해야 했는데요, 이 과정에서 어려움을 겪는 이들이 많았습니다. 관계는 '1+1=2' 정도의 단순 연산이 아니라, 때로는 미적분과 같이 어렵고 복잡하게 얽혀 있다고 비유할 수 있습니다. 다양한 사람들과 함께 일하다 보면, 어느 조직이나 '상대적'으로 다른 사람에 비해 목소리가 크고 강압적이며 무례한 사람들이 꼭 있기 마련입니다.

종종 직원들의 심리 상담을 할 때면, 누군가에게 '상처'를 받았다고 하는 사람들이 있습니다. 그런데 신기하게도 '모든' 사람들이 상처를 받진 않습니다. 여기에서는 미묘한 맥락의 차이가 있습니다. 바로 마음의 상처는 주는 사람의 의도와는 전혀 상관없이 받는 사람의 몫이기 때문이지요. 이를 테면 A라는 상사는 자신이 원하는 대로 일이 빨리 진행되지 않으면 불같이 화를 내는 성향을 가지고 있습니다. 누구라도 그가 원하는 대로 맞추기는 쉽지 않은데, 일을 미리 지시하지 않기 때문이지요. 그러다보면 A의 부하직원들은 대체로 스트레스를 받을 수밖에 없습니다. 안타깝게도 조직에서는 남을 배려하고 부하직원들의 감정선을 잘 이해하고 보살피는 사람들보다는 업무 위주로 처리하는 사람들이 더 많습니다.

우리가 가장 먼저 해야 하는 감정 분리

정글과 같은 사회생활을 하는 우리에게 반드시 필요한 것이 있습니다. 바로 누군가의 행동이나 말로부터 내 감정을 분리하는 것입니다. 그래야만 누군가로부터 '상처'를 받지 않을 수 있습니다. 예컨대 A씨가 갑자기 시간에 촉박해서 무리하게 업무를 요구하면, 누구나 스트레스를 받습니다. 이럴 때 보통 선택지는 두 가지입니다. 퇴근시간을 넘겨서라도 해내거나, 어차피 무리한 요구를 한 셈이니 할 만큼만 하고 퇴근하는 겁니다.

많은 직원들을 관찰해보니 전자인 사람들이 대체로 더 상처를 잘 받는 경향이 있는 것 같았습니다. 퇴근시간을 넘겨서까지 애를 쓴다는 것은 A의 요구를 그만큼 수용하는 건데요, 그 마음에는 A에게 인정받고 싶은 욕구가 숨어 있습니다. A의 인정을 받기 위해서 최선을 다한 이에게는 어떤 일이 펼쳐질까요? 대체로 사람은 자신의 요구를 수용해주는 사람에게 더 요구하게 됩니다. 만족을 모르는 A는 어떻게든 일을 해내는 직원에게 더 많은 일거리를 안겨주고, A의 요구를 견디다 못한 직원은 번아웃이 되거나 혹은 한순간 퇴사를 하게 되는 수순을 밟게 됩니다.

겉으로는 적응을 잘하고 열심히 일하는 것 같은 사람이 갑자기 퇴사를 할 때는, 대개 스스로의 한계를 잘 정하지 못하고 끝까지 밀어붙이는 경우입니다. 삶에서의 우선순위가 나의 행복이나 나 자신에 있지 않고, 누군가의 '인정'에 두게 되면 관계에서 늘 나는 을일 수밖에 없습니다. 즉, 상대의 요구나 감정에 끌려다니게 되는 것이지요. 내 감정과 노력을 이 정도로 내어주었다면 응당 나에 대한 인정이 돌아오리라 기대하게 되는데요, 세상은 그렇지 않습니다. 최선을 다했지만 내 노력을 때때로 부정당하기도 하고 내 성과를 누군가 가로채기도 합니다. 잘했다는 인정을 위해 노력했는데 결과가 허무하게 무너지는 순간 결국 관계를 견딜 수 없게 됩니다.

'인간은 사회적 동물이라는데, 어떻게 다른 사람의 인정과 사랑을 무시할 수 있나요?'라고 의문을 가질 수 있습니다. 맞습니다. 너무나 당연합니다. 마치 시소와 같이 상대의 인정과 사랑, 내 안의 욕구는 마치 반복되는 시소처럼 왔다 갔다 하지만, 어느 새 균형을 잡습니다. 그런데 자칫 타인의 인정이 나에게 과도하게 무게가 실리면, 내 삶이 제법 버거워질 수 있다는 것을 명심해야 합니다.

때로는 모두에게 사랑받지 않아도 괜찮다

몇 년 전 워크숍 장소에서 반가운 후배와 교수님을 뵙게 되었습니다. 우리는 가벼운 일상을 나누며 대화를 이어나갔습니다. 그러다 갑자기 후배가 이런 말을 하더군요. "교수님, 선배는 전공의 시절 모든 사람들이 좋아했어요. 저도 그렇고요, 정말 좋은 선배예요." 그 말에 얼굴이 확 달아올랐습니다. '모든 사람들이 좋아하진 않았을 텐데, 너무 과대평가한 게 아닌가…'라는 생각과 함께 당시에 함께 근무했던 선후배들을 머릿속으로 재빨리 스캔하기 시작했습니다. '다 나를 좋아했을까…' 이런 자기반성과 함께 말이지요.

그런데 그때 교수님이 "모든 사람에게 좋은 이미지를 주려고 얼마나 피곤하게 살았을까."라고 하셨습니다. 정신건강의학과 수련 시절 많이 의지하며 이런 저런 인생 상담을 드렸던지라 저를 너무 잘 알고 계셨던 것이지요. 그 순간 저는 큰 위안을 받은 것 같았습니다. '모든 사람에게 사랑받으려 애쓸 필요가 없다'는 명제를 잊고 지냈던 긴 세월들이 떠올랐기 때문입니다. 고백컨대 저 역시도 오랜 기간 많은 이들의 인정과 기대를 충족하려고 무던히 애를 썼던 날들이 있었습니다.

나와 이해관계를 비슷하게 하는 소수의 사람들과 혹은 의사-환자 관계처럼 목적이 분명한 관계에서는, 늘 사랑받는 존재로 머무는 것이 어느 정도는 가능합니다. 물론 이 또한 굉장한 노력이 필요하긴 하지만요. 그런데 관계를 맺는 범위가 넓어지거나 의사결정을 하는 자리에 있게 되면, 모든 사람들에게 인정받고, 사랑받는 것이 거의 불가능하다는 것을 곧 깨닫게 됩니다.

어떤 결정을 내리든 누군가에게는 손해가 되어 불평불만이 나오기 때문이지요. 그렇기 때문에 역설적으로 많은 대중들과 소통하는 정치인이나 지도자들 중에 공감능력이 떨어지는 사람들이 많다는 통계가 있는지도 모릅니다. 모든 사람에게 사랑받고 싶은 욕구를 채우려면 모든 사람들이 자신을 사랑한다고 믿으며(착각을 하며) 타인의 요구와 말을 철저히 무시하거나, 혹은 사람들의 이런 저런 요구들을 본인이 다 끌어안고 처리하는 수밖에 없습니다.

사랑을 갈구하지 않고 내 마음을 다독이는 법

1. 나를 믿고 위로해줄 사람이 단 한명이어도 괜찮습니다. 소수의 사람들과 마음을 나누며 내 마음을 전할 수 있다면 그것으로도 충분합니다. '모든' 사람들의 사랑과 인정을 받으려고 애쓰지 않아도 된다는 생각만으로도 어깨가 조금 가벼워질 수 있습니다.

2. 서로의 입장은 늘 다를 수밖에 없다는 것을 명심하세요. 각자의 이해관계에 따라 나를 좋아하고 찬사하던 사람이 한순간 나를 비난하고 험담할 수도 있습니다. 순간순간의 다른 사람의 판단에 따라 자신을 끌려가게 두지 마세요. 타인은 나라는 사람보다는 내 일과 역할 때문에 찬사하기도 하고 비난하기도 할 뿐입니다.

3. 다른 사람의 불편한 감정이 내 마음에서 휘몰아칠 때는 조용

한 곳에서 자신의 몸과 마음에 집중을 해보세요. 들숨과 날숨에 집중하며 호흡을 해봐도 좋고, 맑은 공기를 마시면서 걸어도 좋습니다. 땅을 딛으며 걷는 발걸음을 느끼면서 내가 발을 딛고 서 있는 것처럼 '내 마음도 단단해진다' '지금의 모습으로 충분하다'라고 스스로 말해봅니다.

4. 정서적인 고통과 신체적 고통을 인지하는 뇌의 부위는 비슷합니다. 마음이 고통스러울 때 신체의 반응을 살피면서 오감을 자극하는 것도 효과가 좋습니다. 좋은 향기를 맡는 것, 부드러운 음색의 연주나 노래를 감상하는 것, 맛있는 음식을 천천히 음미하면서 먹는 것, 따뜻한 물에 몸을 녹이며 반신욕을 하는 것 등이 있습니다. '다 아는 거야'라는 생각이 들 수도 있습니다. 그렇지만 중요한 것은 나에게 효과가 좋은 것을 반복해서 '실천'하는 것입니다.

상대의 말을 반복하는 것의 힘

타인의 행동을 거울처럼 반영하는 신경 네트워크 거울뉴런Mirror Neuron이라는 공감에 관여하는 부위를 발견한 것은 과학사에서 기념비적으로 꼽힙니다. 우리가 누군가의 감정을 같이 느끼고 이해하고 마음 아파하는 것은 이 거울뉴런 덕분입니다. 뇌과학자들은 우리의 뇌가 서로의 감정을 느끼고 이해하도록 만들어져 있으며, 상대에게 내 마음을 이해받았다고 느낄 때 비로소 마음의 안정을 찾을 수 있도록 배선되어 있다고 합니다. 아이를 달랠 때를 생각해보세요. 본능적으로 아이의 말이나 얼굴 표정을 따라하며 말하게 되지 않던가요?

"엄마, 나 목말라요!"

"아이고, 우리 아기 목이 말라요? 물이 먹고 싶구나?"

"아빠, 개미가 꼬물꼬물 기어가요."

"와~ 개미가 기어가는구나, 정말 개미구나!"

여기서의 핵심은 아이의 말이나 표정에 진심을 다해서 같이 놀라워하고, 아이의 말보다 더 과장되게 반영해주는 것에 있습니다. 아이가 정말 사랑스러운 나머지, 많은 부모들은 이 순간에 정말 같이 신기해하고 기뻐하기도 합니다. 아이들은 이 과정에서 안정적인 애착을 형성하다고 한다고 알려져 있습니다. 자기심리학self psychology으로 유명한 정신분석가 하인즈 코헛Heinz Kohut은 양육자로부터 '반영reflection(상대방의 이야기를 듣고 이해한 것을 다시 말하는 행위)'을 잘 받지 못하고 자라면 자아도취적인 나르시스트 성향이 생긴다고 합니다. 아이들과 소통을 할 때 아이의 감정과 언어에 어른들이 장단을 맞추어 그 강도보다 더 강하게 반영해주면, 서로의 감정은 연결되고 즐거움을 느끼게 됩니다. 때때로 일과 육아를 병행하느라 지친 부모님들은 이 과정을 생략하기도 하고 아이의 감정에 유난히 무딘 분들이 있긴 하지만 대체로는 본능적으로 이런 반영을 해나갑니다. 오롯이 나에게 의지하는 아이를 보호하고 싶은 본능과 작고 연약하며 동글동글한 눈과 얼굴을 가진 아이의 모습이 우리의 공감을 불러일으키기 충분하기 때문이지요. 그런데 점차 아이가 성장해 청소년이 되었을 때나 성인들끼리의 대화에서는 이런 반영을 잘 찾아보기 힘듭니다.

어린 시절, 부모님과의 관계에서 형성된 관계 패턴에 따라, 내가 하는 말이 상대에게 어느 정도 받아들여질지를 예측할 수 있습니다. 거절당하는 게 익숙한 경우라면 스스로 감정을 추스르려고 할 것이고, 항상 목소리를 높여야 상대가 겨우 들어주었던 경험이 있는 사람이라면 사소한 일에도 강하게 반응할 것입니다.

현대사회에서는 사회에 '적응'하려면 조직의 효율이나 시스템에 내 감정을 억누르거나 숨겨야 한다고 느끼는 사람들이 많습니다. 우리는 실제로 자신의 감정을 잘 드러내지 않고 목표로 한 일을 빨리 해치우거나, 높은 성과를 내는 사람들 또는 휴식보다는 일에 더 가치를 두는 사람들에게 보상을 하고 더 높은 존경을 보냅니다. 모든 것이 전산화되고 24시간 전화와 메시지로 촘촘히 연결되어 있는 공간에서 느긋하게 내 감정들을 돌보는 일은 쉽지 않습니다. 다른 사람들의 마음을 이해할 시간을 가지는 것은 더욱 어렵고요.

공감이 어려울 때의 처방전

사람들은 모두 자신을 기준으로 다른 사람에 공감을 느끼기 쉽습니다. 때문에 우리는 같은 인종, 같은 성별, 같은 직종인 사람들에게는 쉽게 공감을 느낍니다. 다른 인종, 나와 전혀 다른 소속을 가진 사람을 이해하려면 더 많은 공감능력을 불러와야 합니다.

공공기관에서 일하는 사람의 입장이 되어볼까요? 아마도 규정에 벗어나는 무리한 요구를 자주하는 민원인을 이해하고 공감하는 것보다 그 민원인에게 시달리는 동료에게 공감하는 게 훨씬 쉬울 거예요. 성과를 요구하는 상사의 입장에 공감하기보다는 예민한 상사를 탓하며 비슷한 위치의 동료들과 수다를 떠는 것이 훨씬 편한 일이지요. 우리는 머릿속에서 쉽게 지구 반대편에서 내전으로 힘들어하는 난민의 어려움을 떠올리지 못합니다. 때문에 공감도 쉽지가 않지요. 실제 어느 실험에서는 VR을 이용해서 난민 캠프 체험을 했습니다. 결과는 이 체험을 한 사람들이 난민 후원을 더 많이 했다고 합니다. 그렇기 때문에 우리는 쉽게 관계 단절을 경험합니다.

나와 상대의 입장이 다르고 누구도 상대의 편에서 생각하는 수고를 하려고 하지 않기 때문이지요. 사업주와 노조, 직원과 고객, 남성과 여성, 이렇게 서로간의 편 가르기가 매일 벌어집니다.

이럴 때 유용한 방법이 바로 '반영'입니다. 때로 우리는 정해진 답을 가지고 관계를 맺어야 하는 경우가 많습니다. 가장 극단적인 경우가 아마도 인질을 이용해서 협박하는 테러리스트와 협상하는 일일 겁니다. FBI에서 수십 년간 협상전문가로 일해 온 크리스 보스Chris Voss는 협상에서 '반영'의 기법을 적극 활용합니다. 아파트 한 칸에서 대치하는 탈주범들을 설득하기 위해 크리스 보스가 사용한 전략은 협박이나 설명이 아니었습니다. 그는 잠긴 문 앞에서 여섯 시간 동안 기다리며 "교도소로 돌아가기 싫은가봐."라는 말을 반복했습니다. 탈주범들의 마음을 추측해서 그대로 반영한 것이지요. 보시다시피 '너희들은 지금 포위되었다 지금 나오지 않으면 강제로 제압하겠다'라는 단순한 '윽박'과 '협박'이 아니었습니다.

테러리스트와의 협상이 아니더라도, 우리는 현실에서 내가 가지고 있는 답과 상대의 요구가 너무나 멀리 떨어져 있는 경우를 종종 접합니다. 매일매일 내담자들과 상담하는 저 역시도 그런 경우가 있습니다. 내담자의 마음이 너무나 이해가 되고 상황이 공감이 되는 경우도 많지만, 때때로 망상과 환청에 몰입되어 현실성이 떨어지는 요구를 하는 경우도 적지 않기 때문입니다. 피해망상을 앓고 있는 J씨는 자신을 괴롭히는 특정 인물을 찾아내기 위해서 당장 청와대로 가야 한다고 말합니다. 망상이란 종종 우리가 생각하듯이 이럴 수도, 저럴 수도 있는 가능성이 아닙니다. 그들에게는 강하고 확고한 믿음이기 때문에 그것을 논리적으로 해결하는 것은 쉽지 않습니다. 망상에 동조해서 청와대로 올라가도록 도와주기는 현실적으로 힘들고, 치료를 중단하고 퇴원을 시킬 수 없다는 '답'도 이미 정해져 있습니다. 이럴 때는 저 역시도 불가능한 요구를 반복해서 듣는 것이 무척이나 괴롭습니다. 마치 J씨는 그 권한이 저에게 있고, '청와대를 가지 못해서 피해가 생기면 다 당신 때문이야!' 라고 말하는 것 같기 때문이지요.

전략적 공감을 사용하라

규정상 절대 안 되는 무리한 요구를 반복해서 요구하는 민원인을 대하는 H씨가 있다고 가정해봅시다(H씨에게는 권한이 없기에 요구를 들어줄 수 없다는 답이 정해져 있는 경우입니다). 그럴 때는 이런 전략을 취합니다. 첫째는 단호하게 거절하고 무시하는 것입니다. 둘째는 같이 화를 내는 것입니다. 그런데 둘 다 크게 효과적이지 않습니다. 정해진 규칙을 잘 따르는 사람이라면 애초에 무리한 요구를 하지 않았을 것이므로, 첫 번째 방법은 그다지 효과가 없고 같이 화를 내게 되면 상황은 극도로 악화되기 십상입니다. 민원인은 그 나름대로 불만이 쌓여 표출을 할 것이고, H는 끝없이 감정노동을 강요당한다고 느끼며 직업에 환멸을 느끼게 될 것입니다. 이것이 관계가 반복해서 어긋날 때 주로 나타나는 패턴입니다.

이런 경우, 크리스 보스는 '전략적 공감'이라는 자세를 취합니다. 마음 깊이 저절로 이해되고 공감되지 않는 상황에서도 '반영'은 이것을 가능하게 한다고 합니다. 저 역시도 논리적으로 쉽게 이해되지 않는 청와와대에 꼭 가야 하는 J씨의 말을 가만히 들으며 '절대 갈 수 없다'거나 '그것은 망상입니다'라는 말을 하지 않습니다. 어쨌거나 꼭 올라가야 하는 절실한 이유가 있기에, 가지 못하는 상황을 이해하려고 했고 그 마음에 머물러보려고 노력했습니다. 그리고 J씨의 말을 그대로 반영하기 시작했습니다. "정말 올라가고 싶은 마음이시네요." "가지 못해서 힘들고 초조한 마음이시군요!" 그 고통과 아픔을 느끼려고 애쓰면서 반복해서 반영해주는 과정에서 J씨는 스스로 "생각해

봤는데 당장은 올라가지 않고 좀 기다려봐야겠어요."라고 말했습니다. 답을 강요하거나 압박하지 않더라도 누군가가 자신의 말을 들어주고 반영해준 것만으로도 스스로의 욕구를 멈출 수 있는 힘이 생긴 것입니다.

나와 관계하는 모든 사람들에게 자연스럽게 공감을 하거나 속속들이 이해를 하는 것은 사실상 불가능합니다. 나와 아주 가까운 가족이나 지인들이라고 해서 결코 다르지 않습니다. '내가 그 사람들의 모든 것을 다 알고 있지, 당연히 모든 것을 이해하고 있어!'라는 편협한 생각은 오히려 상대에게 더 큰 오해를 불러일으킵니다. 고로, 내가 관계에서 상처받지 않기 위해서 상대가 나에게 무리한 답을 요구하며 선을 넘어올 때, 우리는 '전략적 공감'의 좋은 방법으로 '반영'을 사용해볼 수 있습니다. 결국, 누군가의 말에 천천히 머물러 귀를 기울이며 반영하게 되면 상대의 분노나 화가 점차 줄어들어 힘들기만 한 상대와의 관계들이 한결 부드러워질 수 있습니다.

상대의 말을 반영할 때의 효과적인 방법

상대의 말을 기계적으로 따라했을 때는 부작용이 생깁니다. "앵무새처럼 왜 말을 따라하느냐?" "나를 놀리는 거냐?"라는 답이 돌아오거든요. 그러며 아무 효과가 없다고 느끼게 됩니다.

상대의 말을 그대로 따라만 해서는 안 됩니다. “아 그랬군요.” 같은 추임새를 넣거나 부드럽게 변화된 말로 반복해주어야 합니다.

핵심은 그 사람의 입장에서 감정에 머물러보는 것입니다. 마음속으로 ‘그럴만하겠다’ ‘그럴 수도 있겠다’라고 이해해보세요. 그리고 그 마음을 담아 말로 전달해보세요. 누군가 강한 감정을 전달할 때 바로 응수하면 같이 화를 내기 쉽습니다. 상대의 말에 한 박자만 호흡을 쉬고, 상대의 감정을 이해하려 한 다음 이해하는 말을 반복해서 전달해보세요. 같이 화를 내는 것보다 훨씬 효과적으로 두 사람의 감정을 진정시킬 수 있습니다.

힘들었던 과거의 일을 지워내는 법

"이제 그만 좀 잊었으면 좋겠는데 자꾸 그때 일을 들먹이니 너무 괴로워요."

"그 일을 어떻게 잊을 수가 있겠어요. 제가 정말 필요했을 때 남편은 없었어요!"

부부 상담이나 가족 상담에서 자주 듣게 되는 대화입니다. 아내와 남편의 이름과 얼굴은 바뀌지만, 마음 안에 깊이 남아 있는 서운함을 소화하지 못한 채로 상담을 하면서도 서로에게 상처를 줍니다. 기혼자의 경우 지치고 힘들 때 곁에서 도와주리라고 기대한 사람은 당연히 배우자입니다. 어린 시절이라면 주양육자인 엄마나 아빠가 되겠지요. 너무 힘들어서 도움이 필요할 때 사랑하는 사람이 옆에 없었거나 거절당했던 기억은 깊은 상처를 남깁니다.

A씨는 초등학교 때 산만하다는 이유로 선생님에게 과도하게 혼이 나고, 교실 밖에서 벌을 서야 했던 경험이 있습니다. 집에 가서 어머니에게 억울함을 이야기했지만 돌아오는 답변은 "네가 잘못했겠지."였습니다. 누구에게도 위로받지 못했던 그는 성장해서도 주위 사람들의 평가에 예민하게 반응했고, 힘든 일이 있어도 아무에게도 털어놓지 않고 꾹꾹 눌러두는 게 습관으로 굳어졌습니다. 직장생활에서도 크게 다르지 않습니다.

제가 근무했던 병원에서는 몇 년에 한 번씩 평가가 있었는데요, 평가 1년 전부터 모든 직원이 심한 스트레스를 받으며 준비에 매달립니다. 평소와는 다른 서류를 정리하고 규정에 맞춰 점검하는 일련의 과정들이 원래 하던 업무와는 판이하게 달라 모든 사람들이 힘들어했습니다. 일상적이지 않은 일들은 누구도 업무의 양과 처리에 필요한 기간을 예측하기가 어려운 법이지요. 이 과정에서 갑작스럽게 쏟아지는 일거리를 혼자서 도맡아 처리하는 몇 사람들이 생기기 마련입니다. 이때 주위로부터 어떤 도움도 받지 못하고 힘든 경험을 하게 되면 그 일이 굉장한 두려움으로 기억에 자리하게 됩니다. 결과적으로 잘 마무리가 되었다 하더라도 한 순간의 좌절감이나 혼자 남겨진 것 같은 외로움 등의 기분은 다시는 그 일을 맡고 싶지 않는 마음이 들기에 충분합니다. 이러한 몇 번의 경험들은 '나는 부족한 사람이야' 혹은 '이 조직은 체계가 엉망이야'라는 생각으로 이어져 퇴사를 하거나 스스로 타인들과 거리를 두게 됩니다.

참을 수 없는 무시당하는 기분

한때 소규모 조직을 이끌었던 적이 있었습니다. 운영자로서 저는 종종 힘들어하는 직원들을 상담해야 했는데요, 많은 내담자들을 만나는 정신건강의학과 전문의이자 운영자로서 전반적인 시스템을 매만지고 조직에서의 갈등으로 힘들어하는 직원들의 마음을 다독여주어야 했습니다. 저는 직원들과 이야기를 나눌 때, 상사나 동료와의 관계가 꼬였을 때의 일과 그때 느꼈던 감정을 말해보도록 했는데요, 정말 신기하게도 저를 찾아온 그들의 첫마디는 "구체적으로는 잘 기억이 안 나는데요, 어쨌든 ○○ 선생님은 너무 힘들어요, 저를 싫어하는 거 같아요. 제 마음을 알아주지 않아요!" 혹은 "그때 일이 너무 부당하게 느껴졌고 제가 무시당하는 기분이 들었어요. 제 상사는 저만 미워하는 거 같아요."입니다. 서운했다고 하는 구체적인 일화를 가만히 들어보면 그 당시에 합리적으로 해결이 된 경우도 있었습니다.

논리적인 일의 처리나 결과가 아니라 당시에 느꼈던 '무시당하는 기분' '좌절감' '상대로부터 존중받지 못하는 느낌' 등의 감정이 지나치게 강렬하게 남아 있습니다. 심리학자인 엔델 털빙Endel Tulving은 우리가 머릿속에 떠올릴 수 있는 기억을 일화기억episodic memory과 사실기억semantic memory으로 분류했습니다.

구구단을 배울 때를 떠올려볼까요. 선생님에게 배운 구구단을 틈틈이 외우고, 어느 날 5단 구구단 외우기를 발표했다면 이 기억들은 모두 일화기억입니다. 그런데 비슷비슷한 과정을 반복하다 보면 처음 구구단을 배웠던 기억들은 희미해져 어느 순간 기억에서 사라지고, '5×7=35'라는 '사실기억'만 자리하게 됩니다.

이처럼 일화기억은 점차 사실기억으로 변화하게 되는데요, 이것을 의미화semeticised라고 부릅니다. 처음에는 모든 것이 낯설고 힘든 직장생활도 1, 2년 지내다보면 비슷한 패턴의 일들을 처리하면서 익숙해지는데요, 이 과정이 의미화라고 볼 수 있습니다. 그런데 어떤 상황에서 무척 강렬한 감정을 갖게 되면, 이 기억은 '감정기억'이라는 특별한 공간을 만듭니다. 트라우마 기억도 이렇게 통합되지 않은 상태의 날것 그대로 남아 있는 것이지요.

예측할 수 있어야 안전하다

하버드 의과대학 정신건강의학과 교수이자 수면의학 연구로 유명한 로버트 스틱골드Robert Stickgold는 모든 기억은 일화기억에서 시작한다고 말했습니다. 하버드대 교수인 리사 펠드먼 배럿Lisa Feldman Barrett은 사람에게 일화기억이 중요한 것은 '예측'하기 위해서라고 말했고요. 일화기억은 보통 만 3, 4세가 지나야 형성이 된다고 알려져 있는데요, 일화기억에서 중요한 해마가 성숙하는 데 시간이 필요하기 때문입니다.

예를 들어 '바다'를 연상해볼까요. 각자의 일화기억이 다르기 때문에 떠올려지는 에피소드가 다를 거예요. 어떤 사람은 바다가 그립기도 하고, 어떤 사람은 무섭기도 할 것입니다. 만 3세가 지났을 무렵 바다에 가고 싶다는 아들에게 저는 이런 질문을 했습니다. "바다가 왜 좋아?" 아들은 눈을 반짝이면서 이렇게 말합니다. "바다에 가면 모래놀이도 할 수 있고, 파도 치는 것도 보고, 물장난도 할 수 있잖아!" 이렇게 작은 꼬마도 과거의 경험을 일화기억에 담아 예측을 하는 것이지요. 반대로 바다에서 사고로 가족을 잃었던 경험을 한 사람이라면 바다가 큰 상실과 애도의 공간일 터입니다. 떠올리기만 해도 슬프고 가슴이 먹먹해져서 자주 찾고 싶은 마음이 들지 않겠지요.

사람과의 관계도 마찬가지입니다. 비슷비슷하게 관계를 이어나가고 갈등 상황을 헤쳐나간 경험이 많은 사람들은 '대인관계'라는 기억이 비교적 안전한 범위 내에서 뇌 속에 저장됩니다. 그런데 강압적인 사람에게서 무시를 당했거나 함께 일하는 동안 매우 힘들었다면, '무서움' '분노' '좌절감' 등의 감정들이 따로 저장되어 비슷한 상황에서 불편한 감정들이 계속 소환됩니다. 좋았던 경험은 그 경험을 또 하고 싶게 동기부여를 하고, 불편한 감정을 유발한 관계는 피하게 만듭니다. 즉, '예측'이 관계라는 지도에도 영향을 주는 것이지요. 누구에게도 안전한 관계를 경험하지 못했다면, 자신의 안전을 위해서는 차단하거나, 고립되는 것이 최선의 방법일 것입니다. 반대로 목청껏 소리쳐야 겨우 위안을 얻은 경험이 있다면, 누군가 자신에게 멀어지려고 할 때 필사적으로 매달리고 싶을 것이고요. 그 이유는 과거 기억들이 나에게 매일매일 관계의 지도를 그려주고 있기 때문입니다.

하루에 꼭 필요한 시간, 나를 위로하는 시간

힘들었던 과거의 일을 잊어버리기 위해서는 '잊어버리자'라고 다짐하는 것으로는 어렵습니다. 기억은 지우개로 쓱쓱 지울 수 있는 것이 아니기 때문이지요. 과거의 일을 지울 때는 힘들었던 때와 비슷한 상황에서 이전과는 다른 경험을 해야만 비로소 수정이 될 수 있습니다. 대단하게 다른 것이 아니라 그때만큼 힘들지는 않구나 하는 경험이 필요합니다. 예를 들어 바다에서 큰 사고로 가족을 잃었던 경험을 한 경우라면, 안전하고 믿을 수 있는 사람과 함께 바다에서 또 다른 즐거운 경험을 만드는 것으로 힘든 기억을 덮을 수 있습니다.

직장에서 사람들과의 관계가 힘들어 그만두었다면, 직장을 옮긴다고 저절로 해결될까요. 그렇지 않습니다. 왜냐하면 어느 곳이나 빌런들이 존재하기 때문이지요. 관계에서 상처받은 내 감정을 천천히 들여다보고 스스로를 위로하는 과정이 꼭 필요합니다. '무시하자, 생각하지 말자'라고 할수록 힘든 감정들은 더더욱 올라오지 않던가요? 내가 어떤 지점에서 속상했는지, 슬펐는지, 화가 났는지를 돌아보고 스스로 그 감정을 충분히 인정해줘야 합니다.

그러고 나서야 비로소 새로운 관계를 열어갈 수 있습니다. 안정적이고 따뜻한 관계들을 맺을 수 있을 때, 비로소 과거의 힘들었던 관계외상기억들이 희미해질 수 있습니다. 직장 내 관계에서 받은 상처를 내담자들과 같이 천천히 들여다보고 그때의 감정을 세밀하게 살피다 공통점을 발견했습니다. 자신을 힘들게 하는 감정이라는 그물 안에는 직장에서의 상사, 나를 괴롭혔던 친구, 어린 시절 나에게 자주 화를 냈던 아버지 등 비슷한 감정을 불러일으키는 다양한 과거 기억들이 얽혀 있는 것을요. 우리는 과거를 천천히 돌이켜보면서 현재의 관계를 풀어나갈 답을 찾아나갑니다.

어떤 상황에서든 나를 존중하고 내 마음에 귀를 귀울인다면

우울증이나 스트레스로 상담실을 찾아오신 분들 중 많은 사람들이 대인관계의 갈등을 겪거나 괜한 시비에 휘말렸습니다. “저는 너무 운이 나쁜 거 같아요.” “왜 저에게만 이런 일이 생길까요?”라는 푸념이 이어집니다. 우울증을 겪는 분들에게는 어떤 나쁜 운이 따라다니는 것일까요? 우리는 답을 알고 있습니다. 절대 그렇지 않다는 것을요. 저는 그렇지 않다는 것을 말씀드리고 싶습니다.

출근길 라디오에서 매우 인상 깊은 인터뷰를 접했습니다. 평생을 유명한 특급호텔의 정문에서 안내 일을 하시고 정년퇴직을 하신 분이었는데요, 다른 호텔에서 스카우트 제의를 받아 퇴직한 후에도 같은 일을 이어가고 계셨습니다. 짧은 시간에 많은 사람을 상대해야 하는 서비스직은 굉장히 고된 일에 속합니다. 감정노동을 해야 하기 때문이지요. 저는 종종 비슷한 일을 한다고 할 수 있는 상담원이나 경비원을 상담실에서 만나 이야기를 나눈 적이 있어, 이들의 엄청난 노고를 어렴풋이나마 이해하고 있습니다.

앵커가 이분에게 묻습니다. "일을 하시다보면 화가 나고 속상한 일이 많으실 텐데요. 어떻게 그 긴 세월 동안 이어오셨나요?" 저는 귀를 쫑긋 세울 수밖에 없었는데요, 수십 년간의 노하우를 들려주실 거라고 기대했기 때문입니다. 그런데 그 분의 대답은 "제 일이라고 생각합니다. 그리고 아무리 화가 난 사람이라도 경청을 해주면 대부분 화가 가라앉더라고요." 역시 스스로와 상대의 감정을 잘 다루는 것이 비결이셨구나 하고 무릎을 쳤습니다. 이 분은 따로 심리 공부를 하거나 체계적인 이론을 갖추지 않았음에도 이미 몸과 마음이 잘 훈련이 되어 있었습니다.

누군가가 나에게 화를 내고 무시하면 당연히 마음이 상합니다. 마음속으로 부글부글 화가 끓어오르고, '내가 이렇게 무시당할 사람인가' '내가 이런 데 있으니 무시당하는 거야, 당장 때려치워야지' 이런 마음이 자연스레 듭니다. 물론 난폭한 언행을 보이는 사람들은 마땅한 법적 처벌을 받는 것이 지당합니다. 적절하게 자기주장을 하고 궁지에 몰렸을 때는 제도권의 도움을 받는 것이 필요하지요.

그런데 유독 다른 사람들의 태도나 감정에 예민한 사람들이 있습니다. 누군가가 화가 나서 혼잣말인지 아닌지 경계가 모호한 상태로 소리를 칠 때, 라디오 사연인은 '상대를 안정시키는 것이 내 일이다' '나는 그 일에 보람을 느낀다'라고 생각하며 그 말을 경청하고 상대의 화를 누그러뜨리려 한다고 했습니다. 아마도 그러면서 그는 직장인으로서 한걸음을 나아갔을 거예요. 물론 반대의 경우도 있겠지요. 상대의 화에 더 강한 강도로 화를 내거나 큰 상처를 받는 경우입니다.

라디오 사연인은 어떻게 무례한 사람들의 말을 경청할 수 있었을까요? '이것은 내 일이고 일터에서 일어난 일은 내 인격과는 상관이 없다'는 경계가 명확하다면, 상대의 흥분을 객관적으로 바라볼 수 있습니다. 이런 경우는 웬만한 일도 이겨낼 수 있고 또 분명한 선을 넘는 경우에는 주위 상사나 시스템에 도움을 요청할 수 있습니다. 직장에서의 힘든 일이 내 사생활을 깊숙이 파고들어 힘들게 하지 않습니다.

갈등에 취약한 사람들의 특징

외부에서의 갈등을 유달리 힘들어하는 사람들에게는 두 가지 특징이 있습니다.

첫째는 평소와 달리 피곤하고 신체적으로 지쳐 있는 경우입니다. 잠을 잘 자지 못했거나 다른 걱정거리로 유달리 피곤할 때, 우리는 자연스럽게 편집증적으로 변합니다. 실제로 수면의학자인 매슈 워커 교수Matthew walker의 연구에 의하면, 전날 잠을 잘 자지 못한 사람의 경우, 다음날 외부 환경의 자극들을 나에게 해로운 것과 이로운 것 나눠서 인지하지 못하고 뭉뚱그려 해로운 것으로 인지한다고 합니다. 진화론적으로 이것은 생존에 유리했을 겁니다. 좀 피곤한 상태일 때는 방어력이 떨어질 수 있습니다. 주위 자극을 폭넓게 안전한 것으로 인지했다가는 포식자들에게 잡아먹힐 가능성이 높았을 테니, 일단은 주의하고 경계해야 합니다. 그렇지만 지금은 밀림에서 열매를 따며 생활하는 구석기 시대가 아닙니다. 매일매일 사람들 사이에서 생활해야 하는데, 지나치게 주의를 의심하고 경계하는 태도는 업무에 지장을 주기 마련입니다. 예민하게 반응하니 사람들이 나를 불편하게 대합니다. 닭과 달걀처럼 도통 무엇이 먼저인지 알 수 없으나 결국 불편한 일들이 자꾸 생기게 됩니다. 운전 중에 누군가 먼저 끼어들었는데도 먼저 목소리를 좀 높였다는 이유로 처벌받게 된 경우와도 비슷하지요.

둘째는 외부의 자극을 내적 자극과 구별하지 못하는 경우입니다. 누군가가 화를 내고 무례하게 행동하는 것이 내 인격을 모독하는 행동이라고 받아들이는 것입니다. 직장생활을 하다 보면 내 인격과는 별개로 내가 자리하는 일종의 지위로 인해서 맞닥뜨리는 일들이 꽤나 많습니다. 그런데 상대의 화가 내 인격을 공격한다고 느끼게 되면 견디기 힘들어집니다. 그 일이 꽤 오래 마음에 남아 퇴근해서도 잊히지가 않고, 곧이어 스스로가 무능하고 보잘 것 없다고 느끼게 되는 것이지요.

갈등 상황에서 나를 지키는 법

우리는 먼저 신체 건강을 돌봐야 합니다. 잠을 푹 자야 하고 제대로 된 끼니를 챙겨 먹고 운동을 합니다. 너무나 뻔한 해결법 같지만 잠을 잘 자는 것만으로 다음날 힘든 감정이 조금이나마 가벼워지는 마법을 느낄 수 있습니다.

그리고 내 일과 인격을 분리해야 합니다. 일이 곧 나의 인격은 아닙니다. 누군가의 비난과 공격은 나의 일과 자리에 쏟아지는 총알이지 내 심장으로 파고드는 것은 아닙니다. 일을 마무리하면 직장이라는 내 겉옷을 벗고 나올 수 있어야 합니다. 또한 그것을 일로서 바라봐야만 객관적으로 해결할 수 있습니다. 내 존재를 무시하고 공격하는 사람을 웃는 얼굴을 대할 수 있는 사람은 없을 겁니다. 다만 내 일과 존재를 분리한다면, 상대의 화나 분노를 좀 더 객관적이고 전문적으로 바라볼 수 있게 되고, 문제를 해결할 수 있는 실마리를 찾을 수 있는 것이지요.

나는 누군가의 인정으로 만들어지지 않는다

"나는 누군가를 오롯이 그 존재만으로 사랑하고 존중하고 있는가?"

우리의 삶은 아침부터 저녁까지 외부의 평가와 인정으로 이루어집니다. 학교에서는 성적으로, 친구들과의 관계로, 직장에서는 인사고과와 실적 등으로 평가받습니다. 정말 안타깝게도 부부관계나 부모와 자녀 관계에서도 외적인 조건들을 더 중요시하는 경우도 종종 보게 됩니다.

가까운 사람들의 관심이 필요할 때

A씨는 망상을 동반한 심한 우울로 정신과 치료 중입니다. A씨는 증상이 심해서 상담이 제대로 되지 않을 정도입니다. 마음이 너무 힘들면 스스로의 감정과 생각을 말로 표현하기를 어려워합니다. 약물 치료를 하며 스스로의 마음을 말로 표현할 수 있을 때까지 천천히 치료를 시도할 수밖에 없습니다. 그런데 결혼한 지 얼마 되지 않은 그의 아내는 마음이 조급합니다. A씨가 직장을 잃을까봐 전전긍긍하고 있습니다. 현재는 휴직 중이지만, 치료로 인해 휴직이 길어진다면 해고되지 않을까 하는 염려가 되는 것이지요. A씨가 직장을 잃게 되면 외벌이인 A씨의 가계에는 큰 위기가 닥칠게 뻔해서 그 심정도 이해가 가지 않는 것이 아닙니다. 그런데 A씨의 마음을 위로하고 병이 호전되는 A씨의 상태에 관심이 있다기보다는 A씨가 일을 계속할 수 있을지에 대한 불안이 더 커보였습니다. 수시로 저에게 상담을 요청해서 직장을 언제부터 나갈 수 있을지 묻는 목소리는 매우 떨리고 불안해보였습니다.

L씨는 조현병으로 치료받는 중입니다. 비록 병적인 증상이 다 좋아지지 않았지만 스스로 병을 치료하고자 하는 의지도 크고, 무엇보다 병을 가지고 있는 상태에서 직업재활에 도전하여 여

러 가지 자격증을 취득하려고 매우 애쓰고 있습니다. 그런 L씨의 모습에 많은 치료자들이 용기와 격려를 해줍니다. 그런데 L씨의 어머니는 다른 고민이 있습니다. 친지와 지인들에게 L씨가 아프다는 말을 여태 하지 못한 것이지요. L씨 어머니의 친구들은 L씨가 좋은 대학을 졸업하고 공무원 시험 준비 중으로 알고 있습니다. 종종 자녀에 대해 질문이 쏟아지고 사귀는 사람이 없으면 소개해주겠다는 제의도 들어옵니다.

L씨 어머니는 상담 도중 목이 메어 말을 흐립니다. "이 정도면 경제적으로 아무 걱정도 없고 충분히 뒷바라지 해줄 수 있는데, 하필 이런 병에 걸려서…."

심한 불화로 치료를 하던 도중 M씨 부부가 힘들게 내뱉은 말들이 있습니다.

> "남편이 좋은 직장을 다녔다면 저 같이 못생기고 초라한 사람을 선택했을 리가 없지요. 남편도 후회하고 있을 거예요"
> "아내는 내가 돈을 많이 벌지 못한다고 무시하고 있을 게 뻔해요"

외부 조건으로 사회에서 인정받고 평가받는 게 당연시되다

보니, 우리는 가장 가까운 관계에서조차 상대가 나를 어떤 조건으로 바라보고 있는지 의심하고 불안해합니다. 그런데 묻지도 못합니다. 그게 사실이라면 돌이킬 수 없는 상처가 되니까, 말도 못하고 마음속으로만 끙끙 앓는 것이지요.

내 안의 만족이 중요하다

작가 프란츠 카프카는 그의 단편 소설 〈변신〉에서 이런 현대인의 마음을 정말 잘 표현했습니다. 주인공인 그레고리는 어느 날 일어나보니 해충으로 변해 있었습니다. 징그럽고 점액이 묻어나는 몸통에 가느다란 다리만 힘없이 파닥거리는 그런 해충이 되어버린 것이지요. 그런데 그레고리가 제일 먼저 걱정하는 것은 '출근 시간'을 놓쳤다는 것입니다. 가족을 혼자서 부양하면서 힘들고 재미없는 외판사원 일을 겨우 해왔던 그레고리는 스스로의 몸이 끔찍한 해충으로 변했는데도 출근하지 못해서 생길 일과 이제는 일을 하지 못한다는 것을 가장 크게 걱정합니다.

가족들도 마찬가지인데요, 그동안 자신들을 먹여 살리느라 고생한 아들이자 오빠인 그레고리가 끔찍한 해충으로 변했는데도 누구 하나 적극적으로 도와주려 하거나 해결하려는 사람이 없습니다. 오히려 직장 상사가 이 일을 알게 될까봐, 혹은 새로 들어온 하숙인들이 그레고리의 정체를 알게 될까봐 전전긍긍합니다. 여동생을 음악학교에 보내주려 했고, 그녀의 바이올린 연주를 가장 좋아하고 감동을 받는 유일한 사람이 그레고리였지만, 여동생뿐 아니라 가족들 모두 그를 진짜 해충 취급을 할 뿐입니다. 종종 현실에서도 소설 속의 그레고리를 만나게 됩니다. "선생님 가족들이 저를 너무 무시해요. 저도 가족 구성원인데 제가 일을 하지 않고 오랫동안 병을 앓는다고 제 말은 아무도 들어주지 않아요!"

결국 소설에서 해충으로 변한 그레고리는 아버지가 집어던진 사과 조각을 등에 맞아 서서히 죽음을 맞이하게 됩니다. 현실에서도 가족들의 차가운 말과 비난으로 상처를 받은 사람들이 시름시름 앓게 되는 것을 많이 보게 됩니다. 가장 가까이에서 위로를 주고받아야 할 사람들조차도 직장, 학벌, 재력 등의 조건으로 평가하며 상처를 주고받는 경우가 정말 많습니다. 참으로 안타까운 일입니다.

우리는 종종 무엇이 더 중요한지 그 우선순위를 놓치는 경우가 있습니다. 나의 행복, 내가 사랑하는 가까운 사람들의 마음, 그들과의 관계가 가장 중요하다는 당연한 명제를 잊고 사는 것입니다. 외부의 평가와 판단에 따라 휩쓸려 지내다보면 때로는 그레고리의 아버지처럼 외적 평가에 기대어 아들에게 상처를 주는 행동을 할 수 있습니다. 나와 내가 사랑하는 사람들의 마음을 보호하기 위해서는 판단의 축을 외부의 인정에서 내면의 만족으로 가져오는 노력이 필요합니다. 내면의 행복과 만족에 무게중심을 두고 마음을 단단하게 쌓아가다 보면 냉혹한 외부의 평가나 기대로부터 조금 자유로워질 수 있습니다.

"이 정도의 삶을 유지하기 위해서"

-《19호실로 가다》, 도리스 레싱 지음, 문예출판사(2018).

많은 사람들이 열광하는 주제가 있습니다. 바로 이성관계이지요. SNS를 보면 흔하게 접할 수 있는 풍경들입니다. 멋진 남녀의 다정한 일상과 사진들을 보고 있노라면 '내 삶만 이렇게 초라한 건가?'라는 생각이 든다는 사람들도 종종 있습니다.

작가 도리스 레싱의 소설 《19호실로 가다》의 수전 부부는 얼핏 보기에 굉장히 이상화된 부부 같습니다. 전문직인 남편과 커리어 우먼인 아내, 그리고 4남매의 아이들은 대도시에서 살고 있습니다. 아이들이 자라면 수전도 다시 일에 복귀할 예정입니다. 주인공인 수전은 '언제나 단 한 번의 실수도 없이 옳은 길만을 선택하는 감각을 가지고 있기 때문에' 이런 멋진 삶을 살아가는 거라고 말합니다. 누구나 선망하는 직장과 세련된 외모의 능력 있는 남편, 대도시의 저택, 사랑하는 아이들, 이 정도의 삶이라면 기꺼이 내 사회생활을 잠시 유예하고 가정을 위해 머물러야 한다고 수전은 생각했을 것입니다.

그렇지만 누군가의 삶과 행복을 어떤 수치로 계량화하는 것이 과연 가능할까요? '이 정도면 정말 행복한 삶이지'라고 할 수 있으려면, 어느 정도의 재력과 나와 내 배우자의 직업은 어떤 수준이어야 할까요? 그리고 아이들은 몇 명이 적당하며 어떻게 성장해야 할까요? 그리고 대다수의 사람들이 정말 근사한 삶이라고 평가를 해주면 나는 행복해야 하는 것일까요? 작품을 통해 우리는 이런 질문을 마주합니다.

"시댁이 부자라서 정말 좋겠어요." "내가 Y씨라면 아무 걱정이 없겠어요." "아들이 명문대에 입학했다니 부러울 게 없겠어요." 내담자들이 상담실에서 한숨을 쉬며 주위에서 들은 말을 전합니다. 주위 사람들은 부러워하는데 나는 왜 이렇게 우울한지, 내 마음은 이렇게나 공허한데 내가 복에 겨워서 이러는 걸까 하는 생각까지 하게 된다고 합니다.

《19호실로 가다》에서 수전은 어느 날 남편의 부정을 눈치챕니다. 남편의 힐끔거리는 시선 덕분에 알아차렸는데, 그 시선은 남편을 향한 그녀의 시선과도 비슷합니다. 즉 내게서 모든 기쁨을 차단하고 있는 이 사람과 내가 공유하는 것이 무엇인지 궁금해하는 시선 말이지요. 주위에서 인정해주는 완벽한 선택이라고 스스로 안도하며 쌓아올린 단단한 성벽에서 맞추어 살아가다 부부는 가장 중요한 둘만의 애착과 신뢰를 점차 잃어버리게 된 것일까요?

우리는 사람이기 때문에 누군가에게 사랑받고 싶고, 연결되고 싶은 욕구가 있습니다. 그러나 그것이 실제 하지 않을까봐 혹은 그 자리에 늘 있으리라 생각했던 사랑이 사라졌음을 깨달았을 때 받을 상처가 두려워 대부분 확인하려 하지 않습니다. '부부관계란 원래 그런 거지, 하고 살아가는 거 같아요' '남들도 다 그렇게 사는데요, 뭐' '이 정도 안정적으로 살고 아이들 잘 크면 만족해야겠지요' 이런 말들로 현실을 알려고 하지 않습니다. '배우자의 마음속에 내 존재가 사라진지 오래였어' '나와 같이 살고 있지만 더 이상 나를 사랑하지 않아'라는 사실을 마주하는 것은 엄청나게 두려운 일입니다. 우리는 두려운 일을 만나면 일단 피하고 싶어집니다. 그런데 마냥 피하면 괜찮을까요? 가만히 묻어두면 내면의 욕구는 점차 더 깊숙이 숨어듭니다. 그리고 내 마음도 꽁꽁 얼어붙어 이제 내 안의 사랑도 사라진 것만 같습니다. 더욱 공허해지는 것이지요.

수전은 공허한 마음을 달래기 위해 누구도 찾아내지 못할 것만 같은 누추하고 초라한 호텔에서 낮 시간을 보내기로 결심합니다. 비밀스럽게 혼자만의 시간을 누리고 있던 중 남편은 사람을 써서 수전을 미행하고 결국 수전의 비밀을 알아냅니다.

이미 부정을 저지르고 있던 남편은 당연히 아내도 외도를 하고 있을 거라고 추측하고, 당황한 수전이 그렇다고 대답해버리자 오히려 안도하며 자신의 외도를 털어놓기까지 합니다. 네 명이 모여서 데이트를 하자는 제안과 함께요. 감당하기 어려운 순간을 마주하게 될 때 오히려 감정의 소용돌이는 수면 위로 드러나지 않기도 합니다. 드러나면 내 존재가 무너져버릴지 모르니까요. 딱딱한 껍데기에 감싸진 그녀의 마음 아래 소용돌이는 보이지도 않습니다. 이후 수전은 이제는 안전하지 않은 호텔에 머물며 극단적인 선택을 하게 됩니다. 오랜 기간 쌓아왔던 완벽한 가정이라는 성벽이 무너져 내린데다, 마지막으로 마음을 돌보며 쉴 공간마저 사라지게 된 것을 수전은 아마 견딜 수 없었을지 모릅니다.

부드럽고 조용히 그 껍데기를 두드리고 벗겨내는 데 꽤나 시간이 걸리는 내담자들이 있습니다. 스스로를 보호하기 위해 감싼 보호막들은 단단한 견과류 껍질마냥 쉽게 드러내지 않는데요, 꾹꾹 눌러서 묻어두기만 한 내면의 감정들은 어느 순간 터지고야 맙니다. 바로 '수전'처럼 말이지요. 마음 한 쪽 금고에 잘 보관해둔 내 여린 감정들을 혼자 꺼내보기 힘들다면, 주변의 조력자들과 함께 조심히 다루어보세요. 안전한 사람들에게 털어놓는 것만으로도 치유받는 느낌을 받을 수 있습니다.

2장

미묘한 관계 줄다리기에서 나를 지키기 위하여

타인과 나의 경계선에서 해야 할 일

상처를 덜 받고 단단한 보호막을 가질 수 있으려면 나의 패턴을 파악해야 합니다. 첫 번째는 현재 컨디션을 자주 체크해야 하고, 두 번째는 어떤 지점에서 스트레스를 많이 받는지 알아야 합니다.

우리는 종종 몸이 피로하고 아플 때가 있습니다. 이럴 때면 유난히 스트레스나 갈등 상황에 취약해지지요. 사람은 완벽할 수 없기 때문에 이런 상황을 말끔하게 처리하기 어렵습니다. 예를 들어 가족들과 갈등이 생겼다고 해볼까요? 컨디션이 좋을 때도 갈등 상황은 쉽지 않습니다. 컨디션이 안 좋을 때는 견뎌낼 수 있는 스트레스의 정도가 많이 줄어든 상태일 겁니다. '최상의 컨디션을 100으로 놓고, 현재 내 몸과 마음의 상태는 몇 점인가?'를 생각해보면, 현재 상황을 어떻게 받을 것인지를 판단할 수 있습니다. 지금 문제를 해결할 것인지, 조금 미뤄두었다가 상태가 좋아졌을 때 처리할 수 있을지를요. 현재 상태 점검 이외에 머리부터 발끝까지 몸의 감각을 하나하나 살펴보는 '바디스캔Body Scan'을 통해 몸의 이완 상태를 점검하는 것도 좋습니다.

자신의 신체와 감정을 체크했다면, 이제는 어떤 지점에서 스트레스를 많이 받는지를 파악해야 합니다. 누군가는 상사의 거친 말에, 누군가는 사람들의 무반응에 상처를 받기도 합니다. 답을 안다면 그에 따른 상황을 대처하는 데 도움을 받을 수 있을 거예요.

내담자 Y씨는 꼼꼼하고 깔끔한 성격의 소유자입니다. Y씨의 주변은 늘 정리정돈이 되어 있고 일처리도 매우 철저해서 주위 사람들의 지저분한 모습과 타인의 실수를 견디기 힘들어합니다. 그래서 다른 사람의 실수까지 자신이 커버하려고 애를 쓰는 편입니다. Y씨는 평소에는 다른 사람이 대충 버린 쓰레기 분리수거를 도맡아 처리하고, 누군가가 빠트린 업무를 커버하는 것에 익숙해져 있습니다. '뭐, 아무나 먼저 본 사람이 하면 되지'라고 생각하기도 했고, 주위에서 항상 고마워하고 있기 때문에 은근히 긍지를 느꼈습니다. 그런데 Y씨가 갑자기 교통사고를 당했습니다. 가벼운 접촉사고여서 며칠간 병원에서 안정을 취하고 출근을 했습니다. 그런데 허리와 어깨가 뻐근하고 통증이 밀려옵니다. 그날따라 사무실이 지저분한 게 눈에 띄고, Y씨가 없으니 사무실이 지저분했다는 동료의 말에 갑자기 화가 났습니다 '청소는 나만 하나?'라는 억울함과 함께요. Y씨의 평소 컨디션이라면 웃어넘기며 서둘러 정리를 했겠지만, 그날따라 동료들이 얄밉게 느껴졌습니다. 은근히 자신을 이용하며 정리를 떠넘기는 듯했고 그러다보니 직장에서 소진되는 것처럼 느껴진 것이지요. 평소에는 균형을 잘 이루었던 관계들이 삐그덕거리기 시작합니다. 그 순간 갑자기 팀장이 소리를 치며 마감이 지났는데 왜 결재를 안올리느냐고 화를 내고 나갑니다.

멈추고 인정하고 돌보라

Y씨는 그동안 자신의 노력이 부인당한 것 같고, 팀장의 질책이 오롯이 자신에게 향한 것 같아 너무 속이 상합니다. 이제 Y씨의 머릿속엔 '과도한 업무해결사, 자신을 이용하려는 동료에 대한 분노와 최선을 다한 자신에게 질책하는 상사에 대한 서운함으로 기억이 재구성되기 시작합니다. 퇴근 후에도 '나에게

어떻게 그런 말을 할 수가 있지?' '왜 내가 그런 말을 들어야 하지' 하는 생각들이 머릿속을 뱅뱅 도니 마음이 걷잡을 수 없이 힘들어집니다.

우리는 누구나 스스로가 감당할 수 있는 스트레스의 정도가 넘어서면 주위의 모든 크고 작은 자극들에 취약해집니다. 그 순간, 생각하는 것을 멈추고 내 몸과 마음을 돌봐야 합니다. 누군가의 말과 감정이 내 안으로 쉽게 들어올 수 있는 상태라는 것을 인정해야 합니다. 그래야만 나와 타인의 경계를 내가 쉽게 만들 수 있습니다.

스스로의 컨디션이 안 좋다고 느껴질 때는 가급적 내 상태를 주위에 알리는 게 도움이 될 수 있습니다. "Y씨가 없으니 사무실이 너무 지저분했어요!"라고 말하는 사람에게는 "제가 교통사고가 나서 몸이 너무 힘들었지 뭐예요. 당분간은 저도 제 업무 외에는 자발적으로 맡아 하던 것을 좀 쉬어야겠어요."라고 말하는 겁니다. 내가 이렇게 안 좋으니 알아서 배려해주겠지 혹은 그동안 최선을 다했는데 이번에는 다른 사람들이 하겠지, 라는 은근한 기대는 바라지 않는 게 좋습니다. 왜냐하면 누구나 각자에게 당면한 일들을 처리하느라 바쁘고 정신이 없기 때문에, 상대의 감정까지 세밀하게 챙겨주기는 어렵기 때문이지요.

은밀하고 조용한 공격,
가스라이팅

"평생 너만 바라보고 살았어. 원래 넌 안 그랬잖아, 내게 늘 좋은 기운을 줬는데…."

"네가 떠난다면 나도 내가 어떤 행동을 할지 모르겠어."

"사람들이 모두 너를 험담하는 거 알지? 너를 나만큼 생각해 주는 사람이 있을 거 같아?"

가스라이팅Gaslighting(타인의 심리나 상황을 교묘하게 조작해 그 사람이 스스로를 의심하게 만듦으로써 타인에 대한 지배력을 강화하는 행위)의 상황에서 흔하게 듣는 말들입니다. 관계에서의 어려움은 이러한 양가감정에 있습니다. 누군가가 "네가 없으면 안 돼! 넌 너무 소중해." "내 말대로 해야 해!"와 같은 상반된 말을 한다면 어떨까요? 나를 정말 소중히 생각해주는 사람이라면 나를 있는 그대로 인정해주고 내 감정과 생각을 존중해줘야 합니다. 그런데 너무나 소중하다고 말하면서 상대를 교묘하게 조종하고 궁극적으로는 무력감과 죄책감을 느끼게 만들지요. "네가 꼭 필요해."라는 중독성 있고 달콤한 말에 사로잡히면, 힘든 감정으로 괴로워하면서도 대체 어떻게 행동해야 하는지 분간할 수 없게 됩니다. 세상은 혼자서 헤쳐 나가기에는 너무 험해 보이고 누군가 나를 정말 좋아해준다는 것은 뿌리칠 수 없는 유혹이기 때문이지요.

가스라이팅으로 표현되는 건강하지 못한 관계는 부모자식 사이, 부부 사이, 연인 사이 혹은 친구나 직장 내 관계에서도 나타납니다. 이런 영향력을 끼치는 사람들은 교묘하게 상대의 마음을 사로잡아서 자기가 원하는 대로 행동하게 하고, 그러지 않을 때는 굉장한 죄책감을 느끼게끔 합니다. 의식적이기도 하고 무의식적이기도 하지요. 가스라이팅이라는 말은 패트릭 해밀튼의 소설 《가스라이트》에서 유래가 되었는데요, 주인공인 아내는 남편에게 점차 정서적으로 구속되어 갑니다. 남편은 보석을 훔치기 위해 아내 몰래 위층에 올라가서 불을 켜는데, 당시 아파트는 다른 곳에서 불을 켜면 가스등이 어두워졌다고 해요. 가스등이 어두워진 것을 느낀 아내가 이를 말하자 남편은 착각이라며 무안을 주고 이내 무시합니다. 이에 아내는 스스로를 자책하며 더욱 남편에게 의지하게 됩니다.

가스라이팅은 소설 속 남편처럼 상대를 교묘하게 자신에게 굴복하도록 만드는 가해자와 정서적으로 조정당하는 피해자와의 관계로 볼 수 있습니다. 소설 속 관계 패턴은 현대사회에서도 흔하게 볼 수 있습니다. 이를 테면 연인 관계에서 가해자는 피해자의 행동이나 말, 옷차림 등을 지나치게 간섭하고 자신이 원하는 대로 행동하지 않으면 비난을 하는 것이지요. 피해자는 서서히 그 지배력 하에 놓이게 되면서 본인도 모르는 사이 가해자가 원하는 대로 행동하고 느끼고, 심지어는 그대로 따르지 않았을 때 엄청난 죄책감을 느끼기도 합니다.

가해자의 행동 시그널

가스라이팅은 부모와 자녀 사이에서도 흔하게 나타날 수 있습니다. 자녀를 정서적으로 구속하는 부모들은 이런 말을 자주 합니다.

"내가 널 제일 잘 알지, 나만큼 아는 사람이 있을 거 같니?"

"내가 널 위해 얼마나 애를 써왔는지 알지?"

매우 긴밀한 관계인 연인이나 가족 사이에서는 가해자의 요구를 거절하기가 쉽지 않습니다. 그래서 피해자는 점차 무기력해지지요. 스스로의 능력이나 기억을 의심하기도 하고 가해자만이 자신을 이해해주는 사람이라고 여기며 더욱 가해자의 지배력 아래로 들어가게 됩니다. 실제로 이런 상황에 놓여보지 않은 사람들은 "왜 그렇게 끌려 다니지요? 단호하게 관계를 끊어야지요."라고 쉽게 말하기도 하는데요, 영국의 정신분석학자인 앤서니 베이트만은 정서적으로 구속당하는 사람들의 의존성을 과소평가하면 안 된다고 말하기도 했습니다. 이미 감정적으로 강하게 결속된 상태에서는 설사 상대로 인해 힘들다고 느끼더라도 쉽게 관계를 단절할 생각조차 못하기도 합니다.

그런데 가해자들은 왜 그런 행동을 할까요? 상황마다 다르겠지만 대체로 가해자들은 나르시스트의 성향을 가졌다고 알려져 있습니다. 이들은 대인관계에서 착취적이고, 끊임없는 존경과 찬사를 요구하는데, 그만큼 내부의 인정욕구가 너무나 강하지만 충족이 쉽지 않기 때문에 그 만족을 채워줄 사람이 계속 필요한 것입니다. 그렇다면 '그런 사람들은 멀리하면 되겠네요?'라고 생각할 수 있는데요, 이것도 쉽지 않습니다. 우리가 처음 만나거나 피상적인 관계에 있을 때는 상대가 나르시스트인지 알 수가 없기 때문이지요. 이들은 피상적 관계에서는 매우 친절하고 매력적으로 보입니다. 이런 무기로 관계를 만들고, 관계가 형성이 되고 나면 서서히 영향력을 끼치는 패턴이지요.

왜 가스라이팅 관계에 이끌리는가?

그렇다면 이런 질문도 생각해볼 수 있습니다. '왜 피해자들은 그런 건강하지 못한 관계에 이끌리게 되는 걸까?' UCLA 의대 정신과 교수인 대니얼 J. 시겔은 우리는 익숙한 관계 패턴을 재연하기 쉬운 관계에 끌리게 된다고 합니다. 쉽게 말해서 사람과 관계를 맺는 패턴도 자전거 타기, 악기 연주 등과 같이 몸에 밴 습관과 비슷하다는 것인데요, 설사 건강하지 못한 관계라 할지라도 나에게 너무나 익숙하다면 그 유혹을 뿌리치기 힘든 것이지요.

늘 나쁜 사람과만 사랑에 빠지는 내담자 K씨가 있었습니다. 사랑의 시작은 불타올랐지만 늘 파국으로 치달았지요. 그가 사랑에 빠지는 사람의 공통점은 외모나 나이, 학벌, 재산 같은 조건이 아닌, 오로지 관계 패턴이었습니다. K씨는 유독 상대를 가스라이팅 하며 교묘하게 상대를 조종하려는 사람에게 굉장한 매력을 느꼈습니다. 말로 표현할 수 없는 강력한 매력을 매번 느껴왔으나 비슷한 결말을 몇 번 경험하고 나서야 K씨는 자신의 관계 패턴이 자신을 힘들게 한다는 것을 어렴풋이 깨달았습니다.

애착이론에서는 관계 패턴을 유형으로 분류합니다. 아동 애착 유형을 연구한 메리 애인스워스 등은 아동뿐 아니라 성인도 안정된 애착, 회피 애착, 불안 애착 등으로 나눌 수 있다고 했는데요, 어릴 때 사람들과 관계하는 방법이 성인이 되어서도 반복이 되는 것이지요. 이 중 안정적이지 않은 애착을 가진 사람은 때때로 외부의 인정을 자신의 마음보다 더 중요하게 느끼는데, 이런 상태는 가스라이팅의 희생자가 되기 쉽습니다. 그렇기 때문에 오랜 기간 긴밀한 관계를 유지하는 부모로부터 가스라이팅을 지속적으로 당해온 경우, 친한 친구나 연인과의 사이에서도 비슷한 경우가 생길 수 있습니다.

실제로 대니얼 J. 시겔 등은 연구를 통해 양육자로부터 정서적으로 무시를 받으며 자란 경우, 뇌에서 사람들 간의 관계와 그것들의 경험을 가치 있다고 여기지 못한다는 사실을 밝혀냈습니다. 이처럼 나에게 도움이 되는 건강한 관계의 마음 지도가 그려지지 않은 상태에서, 누군가 다가와 내 마음을 강하게 위로해주면 사람에게 자석처럼 끌리게 됩니다. 곧이어 마음을 지배당하고 가스라이팅의 영향에 놓이게 됩니다. 처음부터 스스로가 가스라이팅을 당하고 있다고 알아차리는 건 쉽지 않습니다. 그렇지만 어느 순간 스스로가 무기력하게 느껴지고, 그 사람 앞에서는 초라한 감정이 자꾸 들고, 절절매며 사과하는 모습을 자주 발견하면서 비로소 깨닫게 됩니다. 이 관계가 이상하다는 것을 말이지요.

가스라이팅에서 벗어나려면 우선은 가해자로부터 거리를 두는 것이 필요합니다. 내 감정이 지나치게 자극을 받거나 다치지 않게 마치 전선을 고무로 감싸듯 나를 튼튼하게 보호해줘야 합니다. 그것이 적당한 거리입니다. 누군가에게 의지하거나 혹은 지켜주겠다는 마음을 버리고 타인과 나 사이의 건강한 거리감을 유지하는 것이 필수입니다. 내 경계를 슬금슬금 자꾸 들어와서 지배하려는 사람들은 반드시 거리 두기를 해야 합니다.

아래 체크리스트 중 한 가지 이상 해당이 된다면 가스라이팅을 당하고 있지 않은지 고려해봐야 합니다.

- □ 왠지 몰라도 항상 그 사람 방식대로 일이 진행된다.
- □ 그 사람에게 “너는 너무 예민해.” “이게 네가 무시당하는 이유야.” “비난받아도 참아야지.” “나는 그런 이야기 한 적 없어. 너 혼자 상상한 것이겠지.” 등의 말을 들은 적이 있다.
- □ 그 사람의 행동에 대해 주변 사람들에게 자주 변명을 한다.
- □ 그 사람을 만나기 전 잘못한 일이 없는지 스스로 자주 점검하게 된다.
- □ 그 사람이 윽박지를까봐 거짓말을 하게 된다.
- □ 그를 알기 전보다 자신감이 없어지고 삶을 즐기지 못하게 되었다.

누구나 가해자이면서 피해자가 된다

남매인 L씨와 A씨는 중소기업을 운영하는 아버지의 회사에서 일하고 있습니다. 두 사람은 차근차근 경영 수업을 받으며 회사 일을 배우는 중인데, 특히 L씨는 장남으로 회사의 중요한 일을 주도적으로 맡아 처리하고 있습니다. 협력 업체 관계자들과의 잦은 비공식적 미팅과 모임으로 인해 L씨는 건강이 점차 나빠지는 듯했는데, 최근 건강검진에서 간수치가 높고, 당뇨병 전단계로 건강관리가 필요하다는 결과를 들은 터입니다. L씨는 개인 시간과 몸을 혹사하면서까지 회사를 위해 혼신의 힘을 다하고 있는데도, 아버지와 동생이 자신의 노력과 수고를 인정해 주지 않는 것 같아 내심 서운합니다. 어느 날은 부친과 동생에게 “제가 영업을 하지 않는다면 회사 운영에 큰 지장이 있을 거예요.”라며 목소리를 높인 적도 있습니다.

A씨는 L씨의 덜렁거리는 성격이 마음에 들지 않습니다. 상사이며 오빠이지만, 바른말도 서슴지 않습니다. 상담 중에는 “제가 맏이였다면 훨씬 더 일을 잘 조율했을 텐데, 발언권이 약한 게 너무 속상해요.”라고 말하기도 했습니다. A씨는 L씨가 지나치게 비공식적인 행사에 의존적인 L씨가 매우 못마땅합니다. L씨가 가로막는 부분이 많아 자신의 능력을 펼치기 어렵다고 느껴 독립을 계획 중입니다.

L씨와 A씨가 같은 사안을 두고 말하는데도 불구하고 두 사람이 같은 경험을 한 것인지 생각될 정도로 두 사람의 시야는 정말 다릅니다. 비유하자면 함께 바다를 바라보며 사진을 찍고 있는데, 한 사람은 먼 풍경을 보는 망원 렌즈를 사용하고 한 사람은 가까운 곳에 초점을 두는 단 렌즈를 사용하는 식이지요. 같은 장면을 찍겠지만 한 사진에는 망망대해가, 또 다른 사진 속에는 해변의 아기자기한 풍경들이 담겼을 것입니다. 그 순간에 느끼고 경험하고 사람들과 교류한 것과 별개로 그것을 기억해내는 과정에서 가공이 이루어지기 때문에 이런 현상이 일어납니다.

"요즘 회사일은 어떠신가요?"라고 물어보는 순간, 의식 아래에서 잠자고 있던 기억이 스물스물 떠오르기 시작하는데요, 회상하는 때의 감정과 컨디션이 기억에 영향을 주기도 합니다.

왜 우리는 상처를 주고받는가

이전 직장에서 여러 부서가 함께 모여 식사를 하는 회식자리였습니다. P씨는 재미있는 입담으로 좌중을 들었다 놨다 하는 유쾌한 사람입니다. P씨는 그날 열심히 고기를 굽다 맞은편의 직원이 "좀 드시면서 구우세요!"라며 건넨 고기를 굽고 있던 집게로 받아먹었습니다. 여기까지는 으레 있을 수 있는 훈훈한 분위기였지요. 며칠 뒤 P씨는 그날의 회식을 떠올리며 맞은편 사람이 고기를 건네줘서 부지불식간에 '아' 하고 입을 벌려 받아먹었는데, 먹고 나니 '내가 뭐하는 건가?' 싶었다고 합니다. 몸 개그까지 곁들이며 유쾌하게 말하는 P씨 덕에 좌중은 다시 웃음소리로 넘쳐났다고 하는데, 같은 자리 있었던 제가 기억하기로는 그런 과장된 행동은 없었습니다. 과연 P씨의 기억이 왜곡된 것일까요? 아니면 저의 기억이 왜곡된 것일까요? 아직도 알 수가 없습니다. 그리 중요하지 않는 일에 '그때 그러셨어요?'라고 물어볼 필요는 없으니까요. 우리는 경험한 일을 회상하며 무의식적으로 내가 원하는 감정과 생각에 영향을 받습니다. 그러고는 머릿속 기억을 자연스레 가공하는 것이지요.

앞 사연의 L씨는 자신이 가장 잘하고 있다고 생각했던 협력 업체 관계자와의 비공식적일지라도 업무를 위한 미팅 자리가 아버지와 동생에게서 평가절하 당하자 서운해졌습니다. 그러자 가족들이 얼마나 자신을 무시했는지에 촉각이 곤두서 사소한 일 하나하나가 떠오르기 시작합니다. '서운함'이라는 주제로 대서사가 만들어지는 것이지요. A씨는 자신이 생각하기에는 업무 능력이 모자란 듯한 오빠가 단순히 가족 내에서 연장자라는 이유로 높은 지위에 있다고 생각하니 화가 납니다. 때문에 얼마나 오빠가 무능하고 자신이 유능한지를 비교하는 것에 초점이 맞춰져 있습니다. 두 사람 모두 관계에서 상처를 받은 피해자라고 말합니다.

한사람의 관점에서 이야기를 듣다보면 모두가 피해자입니다. 가해자가 피해자 코스프레를 하는 것일까요? 아닙니다. 입장에 따라 누구나 피해자일 수 있고, 나도 모르는 사이 나도 가해자가 될 수 있습니다. 그렇게 우리는 상처를 주고받으며 지냅니다. 영국의 정신분석학자인 피터 포나기는 어린 시절 부모에게서 충분한 관심과 반영을 받지 못하고 자란 회피형의 아동들이 친구들 사이에서 다른 아이들을 조종하려고 하고 괴롭히는 행동을 하는 경향이 있다고 밝혔는데요, 결국 가족 내에서의 애착 패턴과 상처는 계속 대물림되고, 어디선가 받은 상처를 또 어디선가는 내가 돌려주고 있는 일들이 자신도 모르게 매일 일어나고 있는 것입니다.

어느 순간까지 버틸 수 있을 것인가

역지사지易地思之. 사람들 간의 갈등에서 흔히 인용하는 말입니다. 타인의 입장에서 생각해보라는 뜻이지요. 상대의 입장에서 생각해보면, 이해되지 않을 부분도 이해하게 되어 갈등이 쉽게 풀리기도 합니다. 그런데 이 말은 실제 관계 갈등에서 적용해보면, 반은 맞고 반은 틀렸습니다. 이 역지사지를 잘못 인용하는 경우가 '라떼는 말이야'가 되겠네요. 한 개인이 직접 경험하면서 새겨진 '과거'라는 입력 값은 개인마다 다를 수밖에 없습니다.

힘든 부대에서 훈련하고 있다고 가정해보겠습니다. 죽을 고생을 하며 훈련은 했지만, 결과가 좋아 성과를 인정받고 부대원들끼리 우정도 돈독해졌다면 '고생 끝에 낙이 온다'는 말이나 '트라우마 후 성장'과 같은 개념을 적용할 수 있습니다. 힘든 과정을 겪더라도 결과가 좋아야 우리 기억에 '성공담'으로 남습니다. 그런데 모든 사람이 다 똑같지 않습니다. 함께 받은 훈련에서 나만 크게 부상을 당했다면, 혹은 동료들과의 관계가 크게 갈라지고 해결되지 않은 상태에서 마무리되었다면 그 훈련 경험은 평생을 따라다니며 힘든 경험으로 남게 될 것입니다. 비슷한 상황을 상상하는 것만으로도 피하고 싶어지지요. 이렇듯 개개인의 기억은 '그 상황을 얼마나 고통스럽게 경험했느냐, 마지막에 잘 마무리가 되었느냐'의 여부에 따라 굉장히 다르게 각인됩니다.

우리의 기억 시스템

심리학 이론 중에 피크엔드 효과Peak-end Effect라는 것이 있습니다. 사람의 기억은 마지막과 하이라이트인 값의 평균 정도로 기억이 된다는 것인데요, 패키지여행에서 가장 좋은 숙소와 맛있는 식사를 마지막 날 배정하는 것은 이 이론에 가장 부합하는 전략이라고 볼 수 있습니다. 마지막 날의 편안한 잠자리와 풍성한 식사는 아무래도 여행이 정말 즐거웠다라고 평가하기 쉬우니까요. 저 역시도 곰곰이 기억을 떠올려보면, 하루 이틀의 짧은 여행이나 한 달 이상의 긴 여행도 기억에 남는 순간은 매우 인상 깊었던 장소와 마지막 날인 듯합니다. 그래서 지금도 저에게 최악의 여행은 가족 여행 중 아이의 고열로 급하게 비행 일정을 바꾸어 귀국해야 했던 여행이었습니다. 꽤나 즐겁고 흥미로운 기억이 많았음에도 말이에요. 지금도 그 순간을 떠올리면 어깨에 힘이 들어가고 긴장감이 느껴집니다.

우리의 '기억 시스템'은 매우 효율적이어서 경험하는 모든 것을 머릿속에 담아두지 않습니다. 여행이라는 에피소드가 있다면 그 하이라이트와 마지막 값의 평균 정도를 저장하는 방식인데요, 여기서 하이라이트는 비슷한 정도의 즐거운 일과 나쁜 일이 있다면 후자가 훨씬 더 많은 비중을 차지합니다. 진화론적으로 즐겁고 행복한 순간을 오래 기억하는 것보다 불쾌하고 짜증나고, 죽을 만큼 힘들었던 순간을 오래 기억하는 것이 생존에 유리하기 때문입니다. 이것은 관계에도 적용할 수 있습니다. 그리고 그 관계를 정리하는 방식 또한 사람마다 다른 방식으로 몸에 배어 있습니다.

H씨는 집에서든 회사에서든 남들을 잘 배려하는 편입니다. 부부관계가 안 좋고, 우울증이 심했던 어머니는 항상 H씨에게 힘든 감정을 털어놓았고, H씨는 어머니의 말을 귀 기울여 들어

주었습니다. 회사에서도 항상 일찍 출근하고 힘든 일을 도맡아 했던 H씨는 성실함으로 인정을 받아왔습니다. H씨도 때로는 어머니의 감정 표현을 받아내는 것이 버겁고 종종 요령을 피우는 다른 직원들 때문에 힘들기도 했지만, 애써 힘든 감정을 무시하려고 노력하며 지내왔습니다. 그런데 하루는 지나치게 자신에게 일을 미루기만 하는 직원에게 오랜 기간 참다 용기를 내어 의견을 전달했는데, 적반하장 격으로 그 직원은 크게 화를 내고 서운하다고 표현합니다. 주위 사람들도 으레 H씨가 이해해야 한다는 듯이 말합니다. 지금까지 잘 해온 것처럼 또 H씨가 일방적으로 이해하고 포용하기를 사람들은 기대하는 겁니다. 내 감정은 인정하지 않은 채 타인의 감정만을 수용하고 그들이 주는 칭찬이라는 보상으로 겨우 버텨오다 한계에 다다른 셈입니다. 상담실에서 그 순간을 떠올리며 H씨는 갑자기 눈물을 쏟았습니다. 눈물 아래 잠긴 감정을 하나씩 같이 확인해보니 분노, 속상함, 슬픔, 외로움 등이 있었습니다. 그동안 자신의 감정은 꾹꾹 눌러 닫아두어 한 번에 터지게 된 것이지요.

감정의 분화가 되지 않는 상태

우리는 살아가면서 많은 감정들을 경험합니다. 슬픔, 기쁨, 행복, 외로움, 분노, 짜증 등의 다양한 감정들이요. 칼 구스타프 융은 '이런 감정이 분화가 된다'라고 표현하기도 했습니다. 큰 덩어리의 감정들을 작고 섬세하고 미세한 감정들로 표현할 수 있습니다. 예를 들어 상담실에서 한 내담자가 어떤 순간에 마음이 좀 불편했다고 말했습니다. 그 순간으로 돌아가 조금 더 머물며 불편했다는 감정에 초점을 두면, 그 불편한 감정은 때때로 서운함, 불안, 두려움, 외로움 등의 감정으로 확장될 수 있습니다. 감정이 섬세하게 분화되는 것이지요. 이렇게 감정이 섬세하게 분화되고 스스로가 느끼려면, 어렸을 때부터 누군가가 내 감정에 반영을 해주어야 합니다. 아이가 꽃을 보고 "우와, 예쁘다."라고 했다면 양육자가 옆에서 "와아, 그렇네! 정말 예쁘구나!"라고 말해주는 것, 아이가 넘어져서 "다리가 아파, 피가 나."라고 했을 때 "넘어져서 다리가 아프구나, 정말 아프겠다, 빨리 치료하자, 무서운 마음이 드니?"라고 말해주는 것이 앞에서도 언급한 '반영'입니다. 누군가의 말을 거울을 비추듯이 반복해서 말해주는 것인데요, 상대의 말과 행동을 조금 더 과장해서 비춰주는 것이 핵심입니다.

그런데 반영해주지 않고 대신, "지금 꽃을 볼 정신이 있니? 공부나 해."라고 하거나 "별로 다치지도 않았는데 빨리 툭툭 털고 일어나! 씩씩하게 이겨내야지, 우는 거 아니야."라고 양육자가 감정을 차단했을 때, 아이는 어려서부터 감정 표현을 억제하게 되고 감정을 느끼거나 말하는 것은 안 좋은 것이라고 배우게 됩니다. 좀 더 쉬운 예를 들어보겠습니다. 건물을 지을 때 방마다 전등을 달아야 하는데요, 미리 전기선이 배치가 되어 있으면 전등을 다는 것이 무척 수월할 것입니다. 선을 빼서 연결만 하면 되니까요. 이 경우는 감정선이 발달한 경우라고 볼 수 있습니다. 누군가 살짝만 도와주면 감정을 표현할 수 있고 도움을 받을 수 있는 상태입니다. 그런데 처음 건축할 당시 방마다 전기를 연결할 선을 빼놓지 않았다면 어떨까요? 이 같은 경우는 어려서부터 감정을 억압하고 차단하는 것에 익숙합니다. 그러면 전기 공사를 새로 해야 하고, 멀리 있는 전기선을 다시 빼와서 연결하는 작업이 만만치 않을 것입니다.

감정 표현이 서툰 아이가 자랐을 때

심리학자인 메리 애인스워스는 정신분석가 존 볼비와 함께 애착 연구를 했습니다. 엄마와 아이가 낯선 상황에서 분리되었다가 다시 만날 때 보이는 반응들을 통해 유형을 분류했는데요, 영아 때의 애착 유형은 성인이 되어서도 상당히 지속되는 것으로 보입니다.

영아의 애착	성인의 애착
안정형 낯선 사람보다 부모를 명확히 선호하고, 친밀한 신체적 접촉이 동반됨. 분리 실험에서 부모와 재회시 반가워함.	**안정형** 관계가 안정적이고, 애착에 관련된 경험에 대해 일관성 있음.
회피형 부모와의 분리에서 울지 않고, 재회 시에도 부모를 무시하거나 피함. 부모에서 정서적으로 반응하지 않고 실험 동안 장난감에 집중함.	**무시형** 애착과 관련된 경험이나 관계를 무시하거나 거부하고, 과거에 대해 일반적이거나 모호하게 표현함.
저항 또는 양가형 부모와 분리되기 전부터도 주변을 경계하고 탐색을 거의 하지 않음. 부모와 재회 시에도 진정이 잘 되지 않고 부모에게 집중하며 우는 모습을 보임.	**몰입형** 과거의 애착관계나 경험에 집착하며 말을 하는 동안 매우 화가 나 있거나 두려워하는 것처럼 보임. 묘사가 과도하게 긴 경향이 있음.
혼란형 부모와 함께 있을 때도 혼란스러운 모습을 보이고, 심하게 울거나 시선을 외면하기도 하고 부모에게 매달리는 행동을 보임.	**혼란형** 상실과 학대에 대한 얘기를 하는 동안 혼란스러운 모습을 보임.

감정을 쉽게 차단하고 억압하는 방식으로 성장한 경우를 '위축형 애착 유형'이라고 합니다. 이런 유형은 대인관계에서 감정 표현이 서툴고 갈등 상황이 생겼을 때, 스스로의 감정을 억압하는 식으로 대처하는 경향이 있습니다.

H씨도 그렇습니다. 스스로의 내부에서 일어나는 섬세한 감정들을 돌아보지 못하니 해결하기도 힘든 것이지요. 그렇다면

'이미 그렇게 성장했는데, 어쩌란 건가요?'라는 질문을 할 수 있습니다. 애착 유형이란 것은 고정된 것이라기보다 일종의 성향이라고 할 수 있습니다. 애착 이론의 창시자 존 볼비도 애착은 변할 수 있다는 뜻에서 작동모델working model이라고 했습니다. 어려서부터 스스로 감정을 잘 살피지 못하고, 누군가로부터 지지를 받지 못하고 자랐다 하더라도, 따뜻한 위로를 안겨주는 사람들과 꾸준히 좋은 관계를 유지한다면 애착 유형이 변할 수 있습니다. 연인이나 친구, 지인들과 안정적인 관계를 맺기가 힘들다면 정신과 의사나 심리상담사와의 치료적 관계를 통해서도 변화시킬 수 있습니다.

감정선이 과열이 되어 있다면

A씨는 섬세하고 예민한 성격입니다. 감정을 공감하는 능력이 뛰어나서 많은 사람들이 A씨에게 고민을 많이 토로하고 위안을 얻습니다. 그런데 A씨는 점차 지치고 번아웃 될 때가 많습니다. 누군가 와서 힘들다고 하소연하고 어려움을 토로할 때, 마치 자신의 일인 양 같이 들어주고 해결해주려 하다보면 많은 에너지를 소진하기 때문입니다. 적당한 거리를 유지하며 다른 사람의 일을 들어줄 때는 그나마 괜찮았는데, 최근에 과장으로 승진하면서 어려움이 더 커졌습니다. 관리해야 할 부하

직원들이 늘어나자 직원의 수만큼 일이 늘어난 느낌입니다. 누군가 힘들다고 하면 거절하지 못하고 일을 떠안게 되기 일쑤이고, 직원들이 힘들어하는 게 모두 자신의 탓인 것만 같습니다. 상사는 척척 일을 해내고 싫은 내색을 하지 않는 A씨를 배려해 주기는커녕 편하게 여기고 일감을 더 떠넘깁니다.

A씨는 자신의 감정을 보호하는 데 서툽니다. 타인의 감정을 수용하고 받아들이기 바빠 내면의 감정은 잘 돌보지 못하는 것이지요. 누군가의 감정을 들어주고 "내 마음을 알아주는 사람은 역시 너 밖에 없어."라는 말을 들으며 흐뭇해하고 보람을 느껴왔지만 그럴수록 내면은 공허해지고 때때로는 스스로가 감정의 쓰레기통이 된 것 같은 기분도 느낍니다. 이 경우는 건물에 비유하자면 전기선에 충분히 고무가 감싸고 있지 않아 누전이 쉽게 됩니다. 필요한 부분으로만 전기가 흘러야 하는데 불필요한 부분으로 전기가 새서 낭비되고 때때로 누전이 되기도 하는 것이지요.

정신분석가인 하이만 스팟닛츠는 지나치게 감정이 섬세하여 타인에게 영향을 많이 받는 상태를 절연insulation이라는 개념으로 설명했습니다. 적절하게 절연되는 것은 마치 건물에 전기를 효율적으로 분배하는 것과도 비슷합니다. 지나치게 꽁꽁 싸매면 감정이 보호는 되겠지만, 불편한 감정들을 하나하나 끊어내면 너무 외로워집니다. 반대로 절연체가 하나도 없다면 전기가 낭비되어 적절하게 쓰지 못할 것입니다.

감정적인 사람에게서 영향을 받을 때

대인관계로 상처를 받는 경우는 크게는 위와 같은 세 가지 경우로 나눠볼 수 있습니다.

1. 감정선이 분화되지 않아 섬세한 감정을 잘 느끼지 못하고, 대체로 분노나 짜증만 느끼는 경우
2. 감정선이 지나치게 예민해서 외부 상황에 휘둘리는 경우
3. 감정적인 사람에게 많은 영향을 받아 상처를 받는 경우

세 번째 경우는 비교적 간단합니다. 한 개인이 건강한 정신 상태에 있고 타인과 스스로의 감정을 잘 구분하고 있는 상태일지라도, 가까운 상사나 지인이 매우 미성숙하고 감정적인 사람이라면 크게 영향을 받을 수 있습니다.

감정이 잘 분화가 된 것과 감정적인 것은 조금 다른데요, 스스로의 감정을 잘 파악하고 타인을 잘 배려하는 것은 감정이 잘 분화되었다고 할 수 있습니다. 그런데 스스로의 감정을 잘

느끼지 못할 때 감정적으로 되는 경우가 많습니다. 즉 자신이 기쁜지, 슬픈지, 외로운지에 대한 감정을 잘 분류하지 못할 때, 뭉뚱그려 분노나 화, 짜증으로 표현되는 것이지요. 그러한 감정들은 대체로 공격적이고 타인에게 해롭습니다.

애착연구자이자 이스라엘의 헤르츨리야대 교수 마리오 미쿨린서Mario Mikulincer 등의 연구에 의하면, 조직의 리더나 상사가 감정 분화가 잘 안 되는 불안정한 유형인 경우, 조직원들 역시 위축되고 자신감이 떨어진다고 합니다. 그렇기 때문에 내가 속한 조직에서 유달리 타인을 힘들게 하는 사람이 있다면, 내가 아무리 노력해도 심한 폭언이나 폭행 등이 지속될 수 있습니다. 이때는 그 사람이나 조직과 단절하는 것만이 유일한 답일 수 있습니다. 그렇지만 이 세상에 완벽한 조직은 없다는 것이 함정입니다. 누가 봐도 사이코패스 같은 사람들만 모여 있다면 단절하는 것이 매우 수월할 텐데 말이에요. 그런데 이것을 단칼에 무 자르듯이 명쾌하게 나눌 수 있는 경우는 드뭅니다. '나는 문제없고 이 조직이, 저 사람이 문제야!'라고 생각하고 그때마다 단절했지만, 그 결과 대인관계가 점차 축소되고 잦은 이직을 했다면 '내 감정선이 지나치게 예민한 것이 아닌가?' '내 감정선이 덜 분화된 것은 아닌가' 하는 고민을 해볼 필요가 있습니다. 무조건 단절하는 것만이 해답은 아니기 때문이지요. 내가 수용할 수 있는 불편한 상황과 내 감정은 어디까지인가를 파악하고, 내 마음의 경계선을 정하는 것이 필요합니다.

감정을 잘 느끼지 못하는 경우

조직 내에서 성실하고, 책임감이 강하다고 평가받는 사람들 중에 감정을 잘 느끼지 못하는 사람들이 많습니다. 이들은 묵묵히 자신의 일을 해내는데요, 힘든 일을 해내는 사이 자신의 감정을 계속 억누르는 겁니다. 그런데 눌린 감정은 차곡차곡 쌓여 어디선가 터지기 마련이지요. 대체로 만성 두통이나 신체 감각이나 갑작스런 분노 폭발 등으로 드러나기도 합니다. 때로는 불편한 신체 감각이나 짜증나고 화나는 감정을 느끼지 않기 위해 더욱 일에 몰두합니다. 그렇게 신체를 혹사시키며 집중하다가 어느 순간 갑자기 하던 일을 그만두기도 합니다. 줄을 툭 하고 끊어내듯 모든 관계를 단절시키는 것이지요. 평소에는 힘들다는 표현을 잘 하지 않다가 갑자기 사직서를 내는 사람들이 이 유형에 속합니다. 헌신적으로 일을 해왔던 사람이 갑자기 그만둔다고 하니, 많은 사람들이 독려하고 설득해보지만 통하지 않습니다. 이미 풍선이 부풀대로 부풀어 터진 상태이기 때문입니다.

스스로를 혹사시키면서 일을 하다 끝내 몸이 고장 나거나 소중하고 가까운 관계가 틀어지고서야 뭔가 잘못되었다는 것을 깨닫기도 합니다. 이 경우는 평소에 스스로의 몸과 마음을 잘 살펴보는 것이 필요합니다. 자주 감기를 앓거나, 피부염, 두통 등의 신체 증상이 나타난다면, 이미 스트레스를 받고 있다고 몸이 신호를 보내는 것일 수 있습니다. 만성적으로 스트레스가 지속이 되면 우리 신체는 면역 기능에 문제가 생기고 통증 조절에 어려움을 느낍니다. 자신의 감정을 알아채는 게 당장 어렵다면 몸이 보내는 신호에 관심을 가져보세요. 그리고 내 감정을 섬세하게 살펴봐주고 아껴주는 사람들과의 관계를 소중하게 여겨야 합니다. 관계가 단절되고 주위에 비즈니스 관계 말고는 아무도 없다는 느낌이 든다면 일과 관련이 없는 사람들을 만나거나 가벼운 취미활동을 시작하는 것도 도움이 됩니다. 갑자기 시작하기 부담스럽다면 심리상담을 비롯한 전문가의 도움을 받는 것도 좋습니다. 하나둘 실천을 하다보면, 감정을 배제하고 목표만 바라보며 일을 해나가던 패턴에서 벗어나 내면의 감정과 몸에 좀 더 익숙해질 수 있습니다.

감정선이 예민해서 주위 상황에 휘둘리는 경우

주위 상황이나 사람들에게 영향을 받는 사람들은 전선을 감싸는 고무절연체처럼 내 감정을 보호하는 막이 필요합니다. 내가 할 수 있는 것과 할 수 없는 것을 좀 더 명확히 구분해야 합니다. 타인의 감정을 지나치게 많이 수용하다 보면 자신의 감정은 무시당하는 경우가 많기 때문이지요.

A씨는 상사가 급한 프로젝트를 제안했을 때 팀원들이 다들 머뭇거리고 불편해하는 기색이 느껴지자 재빨리 자청해서 일을 맡습니다. 동료들이 힘들어하는 걸 견디기 힘들고 솔선수범하면 팀워크가 좋아질 거라고 생각했기 때문이지요. 그러다보니 A씨는 늘 많은 일을 떠안게 됩니다. 사람들은 은근히 A씨가 궂은 일을 처리해줄 거라고 기대하고 어느 순간부터 당연하게 생각합니다. A씨는 주위 사람들의 기대를 저버리기가 힘들고, 그들의 감정을 이해하다 보니 그들의 요구를 거절하기가 너무 힘듭니다. 즉, 나와 타인의 감정이 분리가 안 된 상태라고 할 수 있습니다. 이럴 때는 스스로의 감정을 좀 더 적극적으로 보호할 필요가 있습니다.

내가 할 수 없는 것을 '못한다'라고 말하는 연습도 필요합니다. 누군가 내 거절 때문에 기분 나빠하거나 나를 싫어하게 된다면, 그것은 그 사람의 감정일 뿐, 그 감정을 내가 책임질 필요가 없다는 것을 알아야 합니다. 그렇게 감정을 조금씩 보호해나가는 연습을 하다보면, 주위 분위기에 덜 휘둘리게 됩니다.

뒤돌아보지 말아요

그리스 신화에서 오르페우스는 초인적인 음악적 재능을 가졌습니다. 그의 노래와 연주가 너무 아름다워 동물들뿐 아니라 나무와 바위들까지도 춤을 추었다고 합니다. 오르페우스는 그의 아내인 에우리디케를 보고 첫눈에 반해 결혼하게 되지만 아내는 그만 독사에 물려 죽게 됩니다. 아내를 잊지 못한 그는 아내를 찾으러 지하 세계로 갑니다. 지옥의 강을 지키는 사공은, 아내와 함께 세상으로 나가게 해주는 대신 한 가지 조건을 겁니다. 그것은 둘 중 누구도 돌아가는 길에 뒤를 돌아봐서는 안 된다는 것이었습니다. 오르페우스는 세상으로 나가는 문에 거의 다 도달했을 무렵, 에우리디케의 발자국 소리가 들리지 않는 것 같자 불안함에 그만 뒤를 돌아보게 되고, 그 순간 그녀는 안타깝게도 다시 지하 속으로 사라지고 맙니다.

이 오르페우스의 이야기는 현재까지도 오페라로 공연이 되는데요, 사람들에게 매혹적인 스토리로 다가가는 이유는 아마도 현대인들의 마음과도 비슷한 측면이 많기 때문일 것입니다. '뒤를 돌아보면 사랑하는 아내가 사라진다'라는 이야기의 상징적인 의미는 무엇일까요? 사랑하는 아내와 함께 현실에서 행복하게 살기 위해서 '절대 뒤를 돌아보면 안 된다'는 것은, 아마도 지옥에서의 아내 모습이나 아내가 잘 따라오고 있는지, 내가 얼마나 걸어왔는지를 생각하고 돌아보는 것을 확인하지 말라는 것일 거예요.

염려가 독이 될 때

우리는 길을 가다 왜 뒤를 돌아보게 될까요? 살아가면서 언제 과거를 소환할까요? 현재의 모습에서 불안을 느낄 때, 그동안 살아온 내 삶의 행적이 자신이 없을 때, 특히나 상대에 대한 신뢰가 흔들릴 때 우리는 뒤를 돌아보게 됩니다. '아내가 정말 나를 잘 따라오고 있나?' '아내가 힘들어하지 않나?' '혹시 나와 함께하고 싶지 않고 이곳에 남고자 하는 게 아닌가?' '발자국 소리가 안 들리는 걸 보니 혹시 나를 따라오지 않는 건가?' 라는 불안과 의심, 염려가 결국은 관계에 독毒이 된다는 상징적 의미가 담겨 있습니다.

부부갈등이 지속되다 최근에는 아들과의 관계마저 틀어져 상담을 온 J씨가 푸념을 합니다.

> "아들과의 문제도 그렇지만, 아내와 대화를 하다보면 자꾸 덫에 갇힌 기분이에요. 정말 오래 전의 일인데 말끝마다 그때 일을 꺼내요. 저도 마음이 답답해지고 언제까지 그 일을 말할 것이냐고 한바탕 소리를 치고 말았어요."

살아가다 보면 힘든 일들이 꽤나 많습니다. 그런데 곰곰이 생각해보면 너무나 괴롭고 힘든 순간은 죄다 누군가에 대한 실망, 배신감, 분노와 같은 감정들이 함께합니다. 그 누군가는 나와 중요한 관계를 맺고 있는 사람인 경우가 많습니다. 부모, 형제, 자매, 배우자, 친한 친구, 믿었던 상사나 동료들이지요. 이제는 잊었다고 생각하며 잘 살아가고 있는데, 어떤 단서가 떠오르면 우리는 그 기억들을 소환해냅니다. 부부 상담에서 가장 많이 소환되는 주제는 출산과 관련된 것입니다. 출산할 때 남편이 곁에 없었다는 것은 가장 취약한 순간의 필요를 부정당한 것입니다.

'성인 애착 인터뷰'라는 면담기법이 있습니다. 어린 시절 누군가와의 애착을 잘 형성했는지 파악하기 위한 일련의 질문인데요, 마음이 외롭고 힘들었을 때 누구에게 위로를 받았는지 물으면 많은 내담자들이 순간 침묵하고 고개를 숙입니다. 그러고는 이내 눈시울이 붉어지며 "그러고 보니 저를 위로해준 사람이 아무도 없었어요. 그냥 혼자서 울다가 참아야 했어요."라고 말합니다. 그렇게 누군가와 단단하게 애착 연결을 가지지 못한 상태에서는 관계에서 상처를 주고받기 매우 쉽습니다. 그리고 내가 혹은 상대가 서운했던 오래 전의 기억을 꺼낼 때 우리는 모두 똑같이 외칩니다. "제발 그만 좀 하라고! 언제까지 그 말을 할 거야?" 그 순간은 아마도 오르페우스가 뒤를 돌아보는 지점일 터입니다.

돌아보는 순간 사랑하는 아내가 지하로 사라져버리듯 우리는 서운했던 기억을 소환해서 가져오는 순간, 상대와의 관계가 단절되는 것을 경험하고 맙니다. "제발 과거 일은 잊어."라고 사람들은 쉽게 말하곤 합니다. 그런데 과거를 잊는 일이, 뒤를 돌아보지 않는 것이 쉽다면 신화나 예술 작품에서 많이 다루어지지도 않았을 거예요.

우리는 왜 어떤 지점에서 같은 장면을 자꾸만 떠올리는 걸까요? '연결된 신경은 같이 발화한다'라는 헵Hebb의 룰에 적용해보자면, 가까운 대상에서 위로받고 싶은 순간은 불안하고 힘든 순간, 배신당하고 좌절감을 느꼈던 순간과 연결되기 때문입니다.

J씨가 힘들고 지쳐 보일 때, J씨의 아내는 갑자기 집을 나가 자신의 곁을 떠나버렸던 남편의 모습이 오버랩 되었을 것입니다. 실은 '지금은 떠나지 말고 내 곁에 있어줘요'라는 말을 하고 싶었을 터이지만, 불안하고 예민해지면 상대를 향해 부드러운 말이 도통 입 밖으로 나오지 않습니다. "그래, 또 날 떠날 거지? 그때 내가 얼마나 힘들었는지 알기나 해?"라는 말이 먼저 입을 통해 나옵니다.

과거를 돌아보지 않도록

그렇다면 우리는 과거를 어떻게 돌아보지 않을 수 있을까요? 과거의 아픔, 고통, 좌절감, 배신감은 그 감정이 충분히 현재에서 위로받고 해결되어야 열어질 수 있습니다. 오래 전 아버지로부터의 폭행을 당하고 그 기억으로 힘들어했던 A씨가 있습니다. 정작 그의 아버지는 기억조차 하지 못하고 있었지요. 함께 상담을 하고, 아버지가 진심 어린 사과를 하자 A씨와 아버지는 다시 연결될 수 있었습니다. 그런데 현실적으로 나에게 상처를 준 사람과 진솔한 대화를 나누고 상담을 하는 게 쉬운 일이 아닙니다.

이때 스스로 할 수 있는 방법은 내 감정을 추스르는 것입니다. 나만의 시간을 가지고 현재의 내 마음과 고요한 상태에서 떠오르는 불편한 기억들을 글로 써보는 것입니다. 막연하게 머릿속에 떠오르는 감정들은 대체로 뒤죽박죽인 경우가 많습니다. 속상하고 화나는 장면들이 불쑥불쑥 머릿속에 고장 난 영상처럼 계속 재생되고 날것의 감정들이 튀어나와 마음이 괴롭지요. 그런데 글로 표현하다 보면 감정들이 한 단계 더 순화될 수 있습니다. 유진 오닐은 희곡 〈밤으로의 긴 여로〉를 통해 가족 내에서 받은 상처를 치유했다고 말하기도 했습니다. 내밀한 가족사를 희곡으로 표현하면서 내면의 상처를 스스로 보듬은 것이지요. 시간 순서대로 일을 떠올리고 내 감정선을 정리하면, 내가 어떤 감정인지 왜 그런 생각을 하게 되었는지 스스로 깨달을 수 있습니다.

마음에 상처를 남기는 선긋기

A씨는 지방에서 대학을 졸업하고 누구나 가고 싶어 하는 대기업에 입사했습니다. 요즘 같이 취업난이 있는 시기에 A씨의 취업은 가족들의 큰 자랑거리였습니다. A씨는 부푼 마음에 회사 근처 원룸을 구해 자취를 하며 직장생활을 시작했지만, 직장 내 동료들과의 관계에서 자꾸 주눅이 듭니다. 동료들은 대부분 서울에서 대학을 나오고 부모님이 계신 집에서 출퇴근을 하는 터라, 자취를 해서 생활비가 많이 드는 본인과 씀씀이가 다르다고 느끼기 때문입니다. 명품 이야기를 하거나 같은 학교 동문들끼리 무리를 지어 대화를 나누는 모습을 보면 외톨이가 된 기분이 들고 휴일에도 집에만 틀어박혀 있는 시간이 길어지니

우울감이 심해졌습니다.

"○○ 대학 출신들은 업무가 좀 느려."

"고향이 ○○이지? 아무래도 이쪽과는 분위기가 다를 거야!"

"여자들만 일하는 곳에 남자 직원이 잘 적응할 수 있을까?"

"아무래도 요즘 젊은 사람들은 예전과 달라. 지금이 얼마나 편한 줄 모르고."

사람은 누구나 마음이 불편할 때 상대 탓을 하고 싶어 하는 충동을 느낍니다. '나와 너는 다르니까, 이건 네 문제이지 내 문제가 아니야'라고 말하고 싶어 합니다. 모두가 같은 사람이고 하나의 인격체이라고 생각한다면 누구에게나 일어날 수 있는 일이지만, A와 B그룹으로 나누고 '난 A인데 이건 분명히 B그룹의 문제야'라고 생각하는 게 훨씬 마음이 편해지기 때문이지요. 그렇게 하면 내 편을 끌어들이기도 훨씬 쉬워집니다. 특징 하나로 A, B로 나눌 때, A가 극소수라면 외톨이가 되기 딱 좋습니다. 특히나 다른 사람의 시선이나 그룹의 압력에 영향을 많이 받는 청소년들 사이에서는 이런 일들이 흔합니다. 상담을 하다보면 학창시절 전학을 가게 되어 말투와 문화가 달라 친구를 잘 사귀지 못하고 외로웠다고 회상하는 사람들이 꽤나 있습니다.

성인도 마찬가지입니다. 제가 다녔던 의과대학은 지방의 대도시에 있었는데요, 거의 대부분의 재학생들이 그 지역 학생들이었고 졸업 후 대부분 소속 의대 부속병원에서 수련을 받았습니다. 모두가 선후배인 셈이니 굉장히 폐쇄적인 환경이었지요. 그러다 우연히 타 대학 출신의 수련의가 있을라치면 별일 아닌 일로 쉽게 소문에 소환되곤 했습니다. 성인들도 편 가르기에서 자유롭지 않은 셈입니다. 회사에서도 종종 상사들은 "일이 돌아가지 않는 걸 보면 신입직원이 젊은 MZ 세대여서 업무 적응을 못해요."라고 한탄을 하잖아요.

편 가르기에서 자유로워지는 법

문제가 되는 대상을 어떤 그룹에 넣어 이름을 붙이고 나와 분리를 하면, 그건 내 책임을 벗어나게 됩니다.

신입사원이 적응을 힘들어하고 업무를 익히기 어려워합니다. 상사는 그 직원이 직무를 잘 익히는지, 교육은 잘 이루어지는지, 다른 직원들과의 관계는 어떤지 다각도로 살펴야 합니다. 신입사원과 관련된 일의 책임은 부서 책임자에게 귀결되기 쉽습니다. 그런데 이 책임을 회피하는 데 용이한 방법이 있습니다. 바로 '워킹맘이기 때문에' '○○ 대학 출신이기 때문에'라는 식의 이름 붙이기이지요.

우리 사회는 소수자, 약자에게 베푸는 관용이 매우 부족합니다. 외국이라고 다르지 않습니다. 미국이나 유럽은 이민자들이 많습니다. 여러 연구 결과에 의하면 이민자들은 정신건강이 취약해질 가능성이 높다고 합니다. 만약 내가 소수 그룹에 속해 있다면 어떻게 내 마음에 상처가 생기지 않도록 보호할 수 있을까요?

우선은 상대가 나의 외적 조건을 핑계 삼아 시비를 걸어올 때는 이면을 보도록 해야 합니다. '내가 지방 출신이라고 무시하는 거야?' '우리 학교 동문이 별로 없다고 나만 따돌리나?' 이렇게 생각할 필요가 없습니다. 외부 조건으로 그룹을 나누려는 사람은 현재 스스로가 소속이 필요하고 불안하다는 것을 나타내는 반증이라고 이해하면 됩니다. '출신 학교'를 운운하는 것을 인격을 모욕한다고 느끼고 같이 화를 내면 나만 손해입니다. 가볍게 무시하고 일과 인격을 분리해보세요. 나에게 대놓고 지적을 하거나 건의를 한다면, 건설적으로 의논하고 받아들이면 그뿐입니다. 그렇지만 그룹 나누기를 좋아하는 사람들은 보통 당사자가 없는 자리에서 말하기 좋아합니다. 우리는 본능적으로 그런 사람들을 멀리해야 합니다. 편 가르기를 하는 기준은 언제든 시시각각 변할 수가 있기 때문에 내가 그 대상이 될 수도 있습니다. 편 가르기의 희생양이 되는 게 두려워 많은 사람들이 속한 그룹에 억지로 들어가려고 애쓸 필요는 없습니다.

앞서 소개드린 A씨는 동료들과 어울리기 위해 관심도 없는 명품 시계나 가방 등을 알아보고 돈을 모아 구매도 해보았다고 합니다. 그러나 자신을 있는 그대로의 존재로 인정해주지 않는 사람들과 어울리기 위해서 하는 노력은 허무하게 느껴지기 마련입니다. 나를 있는 그대로 인정해주고 존중해주는 지인이 단 한 명이어도 괜찮습니다. 그 사람과 지속적으로 유대관계를 맺으며 마음을 단단하게 만들어가세요. 주위의 소문이나 주변의 편 가르기는 내 마음에 절대 침범할 수 없다고 스스로 다짐해보세요. 내 마음의 중심잡기는 온전히 나에게 달렸다는 것을 잊지 마세요. 주위의 소문이나 타인의 시선에서 벗어나 현재의 일이나 가치에 좀 더 집중하게 되면 마음은 점차 단단해질 수 있습니다.

함께 걷는 길 위에 남긴 연결의 발자국

서먹서먹하고 어색한 관계를 부드럽게 풀어나가기 위한 좋은 방법들에는 무엇이 있을까요?

'그동안의 오해를 풀고 허심탄회하게 이야기나 해봅시다'라고 제대로 멍석을 깔아주면 대부분은 매우 부담을 느낍니다. 어색한 대화가 한두 번 오가다 보면 사실 관계에 집중해서 대화가 아닌 '토론'이 되거나 나이가 많은 연장자가 상대에게 '조언'을 하는 식으로 흘러가게 됩니다. 연장자 입장에서는 침묵이 어색하니 계속 말을 하게 되고, 듣는 사람 입장에서는 그 말이 잔소리로 들리게 되는 악순환이 반복되지요. 그럴 때 함께 걷는 것은 좋은 대안이 될 수 있습니다.

눈 운동으로 뇌기능을 조절하는 EMDR 치료(안구를 양쪽으로 움직여서 과거의 트라우마를 치료하는 방법)는 프렌신 샤피로에 의해서 발견되었습니다. 샤피로 박사는 화가 날 때마다 산책을 하는 습관이 있었습니다. 우연히 눈동자를 양옆으로 움직였는데, 그 순간 안도감을 느꼈다고 합니다. 이 기법은 힘들고 아픈 기억을 잊는 데 효과적이고, 트라우마 치료 기법으로도 유명합니다.

EMDR 치료는 비교적 간단하게 할 수 있습니다. 안 좋았던 감정을 충격이 낮은 단계부터 하나씩 꺼내어 눈을 감거나 뜬 상태로 몇 분간 눈동자를 좌우로 왔다 갔다 반복합니다. 잠시 쉬었다 그 생각을 다시 떠올리며 한두 번 더 반복합니다. 고통스러운 감정이 정리됐다면, 그다음 단계의 감정을 꺼냅니다. 다만 힘든 트라우마와 연관된 기억이 갑자기 올라올 때는 감정에 압도될 위험도 있어서, 반드시 전문가와 함께 시행해야 합니다.

두 발로 교차해서 걷는 산책이나 무릎이나 어깨를 교차해서 두드리는 행동이 이 치료와 비슷한 효과가 있다고 알려져 있습니다.

침묵을 견디기 힘들 때

아이들은 본능적으로 어색한 관계를 푸는 방법을 알고 있습니다. 모르는 아이들끼리 놀이터에서 만나면 서로 둘러앉아 이름과 나이를 묻지만, 사는 집이나 학교는 묻지 않습니다. 아이들은 만나면 같이 뛰고 매달리며 몸을 사용해서 어울립니다. 그러면서 자연스레 친해집니다. 이런 이유로 정신분석가인 위니코트도 놀이를 무척이나 강조했습니다. 어른들의 관계도 크게 다르지 않습니다. 우리는 언어나 문자를 통해서 서로 소통하고 정보를 교환하는 것에 매우 익숙해져 있습니다. 그렇기 때문에 언어가 관계에서 대부분이라고 느끼기 쉬운 것이지요.

누군가와 말로 잘 소통한다는 것은 정말 쉽지 않습니다. 그리고 사람들은 대체로 침묵을 매우 힘들어합니다. 그래서 같이 있을 때 침묵해도 어색하지 않은 사이를 보통 아주 편한 사이라고 하지요. 만나지 얼마 되지 않은 사이거나 이해관계로 모인 회의 자리에서 침묵이 몇 분 간 이어지면 누구라도 식은땀이 흐르고 긴장하게 됩니다. 어떤 말이라도 해야 한다는 압박감을 느끼지요. 그런데 함께 편안하게 걸을 때는 그런 압박감에서 벗어나게 됩니다. 걷는다는 행위는 반드시 쭉 이어진 길이나 혹은 빙 둘러 돌거나 반복해서 돌아올 큰 공간이 있어야 한다는 것을 전제로 하기 때문에, 무의식적으로 우리에게 개방감을 느끼게 합니다.

걷는 공간이 고요한 산책로이거나 숲길이라면 향긋한 풀, 이끼 냄새, 짹짹거리는 새소리 등의 오감도 함께 느낄 수 있습니다. 작고 좁은 상담실에서 책상을 사이에 두고 마주 앉아서는 말하기 힘들어하던 사람들이 병원 산책로를 함께 걸을 때 마음의 문을 여는 경우가 종종 있습니다. 치료자나 다른 환자들을 어려워하고 어색해하던 환자들도 함께 발을 맞추며 산책하고 걷는 시간이 누적이 되면 많은 대화를 나누지 않아도 점차 타인을 친근하게 대하는 것을 보게 됩니다.

가까워지고 싶은데 어떻게 해야 하거나 다가가고 싶은데 무슨 말부터 해야 할지 모를 때가 많습니다. 이미 관계에 금이 가고 있다는 것은 서로 주고받는 말로 인해 상처가 크다는 뜻이기도 합니다.

그럴 때는 함께 걸어보세요. 긴 시간 그냥 침묵해도 괜찮습니다. 대신 보폭을 비슷하게 맞추고 나와 상대의 발걸음의 박자를 느끼면서 걸어보세요. 숨을 길고 깊게 들이마시면서 서로 말을 하지 않고, 상대의 호흡을 느끼며 걸으면 몸과 마음이 안정이 됨과 동시에 상대와 자연스레 연결되는 느낌을 받을 수 있습니다.

소음은 관계에 어떤 영향을 미치는가

"오늘따라 위층 소리가 너무 거슬리네. 공사하시는 분들은 식사도 안 하시나?"

병원 리모델링 공사가 한창이던 어느 날, 점심 시간에도 쉴 새 없이 이어지는 공사 소리에 동료 중 한 명이 한숨을 쉬며 혼잣말처럼 중얼거립니다. 식사에 집중하느라 소리에 신경을 쓰지 않고 있던 저는 동료의 말에 귀를 쫑긋했습니다. 평소보다 소음이 정말 심했습니다. 그 순간 30분 전 회진을 돌 때 봤던 환자들이 떠올랐습니다. 심한 소음에도 불구하고 곤하게 낮잠을 자고 있거나 책을 보는 등 일상생활을 유지하고 있었거든요.

같은 소음에서도 반응이 제각각이지요. 왜 그런 것일까요? 사람에 따라서는 국가에서 정한 소음 기준에 못 미치는 소리에도 굉장한 스트레스를 받는 경우도 있습니다.

몇 년 전 직원 체육대회 때의 일입니다. 경기가 끝나고 해질 무렵 직원 중 누군가가 제법 큰 폭죽을 준비해왔습니다. 체육대회를 위해 빌린 운동장은 주택가와 떨어져 높은 지대에 위치해 있어서 하늘로 폭죽을 쏘아 올려도 문제가 되지 않을 것 같았습니다. 하늘 위로 슝 하고 올라가서 별똥별처럼 흩어지는 폭죽을 바라보며 다들 환호합니다. 누군가는 어린 시절 놀이동산의 추억을 떠올렸을 것입니다. 어쨌든 별처럼 빛나는 폭죽 소리에 아무도 놀라거나 두려움을 가지지 않았습니다. 그런데 폭죽을 터트리고 얼마 지나지 않아 직장 관계자를 향해 언성을 높이는 사람이 눈에 들어왔습니다. 얼핏 봐도 연세가 지긋해 보이셨는데, 격앙된 목소리로 항의를 하다 돌아가셨습니다. 무슨 일인지 물어보니 폭죽 소리에 놀라서 달려 나왔다고 하면서 큰소리를 내지 말아달라고 당부를 했다고 합니다. 그분에게는 폭죽 소리가 무척이나 거슬리고 불편한 소리였던 것이지요. 혹시 힘들었던 기억을 소환해내는 것은 아닐지 궁금해졌습니다.

제가 정신건강의학과 전공의 수련 시절에 교수님께서 들려주신 이야기입니다. 교수님은 어린 시절 한국전쟁을 겪으셨는데요, 당시 피난길에서 예측하지 못한 폭탄 소리에 심장이 터질 정도로 놀랐다고 합니다. 지금도 큰 소리를 들으면 몸을 움찔하며 놀란다고 합니다. 이런 반응은 우리가 이성적으로 판단하는 영역이 아닌 몸에 새겨진 '암묵기억'의 형태로 지속되기 때문이라고 하셨습니다.

우리는 시각에 가장 많이 의존하며 살아갑니다. 우리 두뇌도 오감 중 시각 정보를 처리하는 부분인 시각피질이 가장 큽니다. 그렇지만 옛말에 '눈에 보이는 게 전부는 아니다'라는 말이 있듯이, 우리가 판단하고 느끼고 예측하는 활동에는 청각 정보가 많이 관여합니다.

우리는 어느 장소에 있을 때 예측이 되는 소리가 들려야 안심합니다. 예상한 대로 보이거나 들릴 때 안심하는 것인데요, 이것을 어려운 말로 패턴 분리pattern separation라고 합니다. 아이와 함께 놀이동산에 갔는데, 그곳이 쥐 죽은 듯이 고요할 것이라고는 아무도 기대하지 않습니다. 설사 내 머리 바로 위로 굉음을 내며 롤러코스터가 지나가더라도 크게 놀라지 않습니다. 놀이동산이란 큰 소리를 내는 놀이기구가 있을 테니까요. 그리고 정교하게 설계되어 내 옆을 지나가도 내가 다칠 우려가 없다는 것을 이미 알고 있기 때문이지요. 심지어 서로 자신이 탄 차량을 부딪치며 즐기는 범퍼카도 있습니다. 평소에 내가 운전하는 차를 누군가가 고의로 들이받는다면, 매우 놀라고 충격을 받아 트라우마가 생길지도 모릅니다. 그렇지만 놀이동산에서 범퍼카를 타고 있을 때는 누군가가 와서 힘껏 들이받더라도 웃고 즐길 수 있습니다. 같이 공격하면서 말이지요. 우리는 놀이동산에서 겪는 큰 소음이나 충격에는 '왜' 놀라지 않는 걸까요?

'놀이동산은 소음이 너무 심해요'라고 그 회사에 민원을 넣는 사람들은 아마도 없을 겁니다. 연이어 이어지는 열차 소리, 비명소리, 여러 소리들과 섞여서 잘 알아챌 수 없는 노랫소리나 각종 소음에도 사람들은 크게 신경 쓰지 않고 먹고 마시며 즐깁니다. 여기서 중요한 것은 예측 가능성과 주위 사람들의 반응입니다. 편안하고 고요한 정적을 기대하고 방문한 산사에서 돌연 '공사 중'이라는 표지판과 포크레인 소리를 듣는다면, 우리는 불쾌한 마음과 함께 유독 소음을 크게 느낄 겁니다. 편안하게 잠자리에 드는 한밤중에 난데없이 오토바이 소음이 한 시간 내내 들린다면, 혹은 갑자기 시작된 야간 공사 소음이 매일 들이친다면 인내심을 가지고 참을 사람이 많지 않을 것입니다. 몸이 아파 출근도 못하고 쉬고 있는데, 마침 위층에서 뛰어

다니는 아이들의 소음이나 공사 중 생긴 큰 소음들이 들려온다면 어떨까요?

우리는 본능적으로 예측하지 못한 소리에 사적인 공간을 침범당했다고 느낄 때 굉장한 스트레스를 받습니다. 여기서 층간 소음의 풀리지 않는 갈등이 시작됩니다. '집'이란 공간은 대체로 많은 사람들이 휴식 공간으로 인지합니다. 휴식이란 자신의 기준에 따라 아무것도 안하고 고요한 상태에서 머무는 시간이 될 수도 있고, 가족이나 지인들끼리 웃고 떠들고 때로는 신이 나서 뛰어다니는 아이들과 함께하는 시간이 될 수도 있습니다. 각자의 휴식 공간에 대한 기준 차이가 상당합니다. 고요한 공간을 기대하는 사람에게는 작은 소음도 예측하지 못한 불쾌한 소음이 될 수 있습니다. 내 입장이 아닌 각자의 위치에서 생각하고 고민해보지 않는다면 영원히 풀리지 않는 뫼비우스의 띠와 같은 갈등인 것이지요.

그렇다면 다른 사람의 입장에서 생각한다는 것은 어떤 것일까요? 내 생각이나 감정에 빠지지 않고 남의 입장에 서서 생각하는 것은 꽤나 많은 에너지를 요구합니다. 이것을 마음이론mentalization 혹은 인내의 창window of tolerance이라고 합니다.

우리는 각자가 내부나 외부의 스트레스를 이겨내고 소화시킬 수 있는 능력을 가지고 있습니다. 그 크기가 각자 다르긴 하지만, 개인이라도 상태에 따라 달라집니다. 아이 문제로 크게 스트레스를 받고 있는 부모, 부부 불화를 겪고 있는 사람, 직장에서의 스트레스로 불면증에 시달리는 사람들은 흔히 이 인내의 창이 매우 좁아져 있습니다. 사람은 스트레스 상태에서는 사람의 목소리 같은 고주파 소리보다, 공사 소음, 둔탁한 소리를 내는 발자국 소리 등의 저주파 소리에 더 예민해진다고 알려져 있는데요, 매우 예민한 상태에서는 중이中耳 근육의 수축이 덜 일어나서 저주파 소리를 더 잘 듣게 되는 것입니다.

진화론적으로는 사람에게 위협적인 소리들은 모두 저주파 소리였을 것입니다. 포식자들이 으르렁거리는 소리나 멀리서 큰 바위가 굴러 떨어지는 소리, 큰 나무가 부러지며 쓰러지는 소리 등 말이지요. 모두 예민하게 귀 기울이지 않으면 목숨을 잃을 수도 있는 소리임에 틀림없습니다. 어떤 위협을 감지한 스트레스 상황에서는 이런 저주파 소리에 예민해지는 것이 우리의 생존에 도움을 주었을 것입니다. 그렇지만 현대사회에서는 내 몸이 스트레스에 노출될수록 더 스트레스를 받게 되는 악순환이 생기는 것입니다(부부싸움 직후에 예민해져 있는데 위층에서 들려오는 소음으로 더 화가 나는 상황을 가정해볼 수 있겠지요).

내가 할 수 있는 것에서부터 시작하기

반복되는 악순환의 고리를 끊어내기 위해서는 가장 먼저 내 몸의 스트레스 상태를 점검하는 것입니다. '내가 이전보다 좀 더 소음에 민감해져 있는가?' '이전보다 더 견디기 힘들어하는가?' '나를 둘러싼 다른 스트레스 요인은 없는가?'를 살펴보는 것이지요. 이 중 하나라도 '그렇다'에 해당한다면, 천천히 몸을 이완하고 외부의 소리 대신 내면의 몸의 각성 상태에 주의를 기울여봅니다. 누군가와 함께 나눌 수 있다면 더욱 좋습니다. 외부 소음이 심하고 위험을 감지할 때 가장 효과적인 것은 누군가와 시선을 마주치고 부드럽게 말을 나누는 것입니다. 어린 아이들은 소음이 심하더라도 엄마나 아빠가 눈을 마주치며 부드럽게 달래주면 외부 상황과는 상관없이 안정을 찾습니다.

스트레스로 인해 스스로 감당할 수 있는 한계를 벗어났을 때 외부의 시각과 청각 등의 자극에 훨씬 예민해질 수 있습니다. 몸과 마음이 이완된 상태에서는, 앞서 예로 든 놀이공원에서 굉음을 내며 지나가는 열차를 보더라도 긴장과 짜릿함을 느낄 수 있습니다. 그러나 몸과 마음이 지친 상태라면 '머리 위로 지나가는 열차는 사람에게 떨어지지 않아서 안전해'라는 패턴 분리가 잘 되지 않아, 화들짝 놀라거나 괜한 불안감에 빨리 귀가하고 싶은 마음이 듭니다. 주변의 자극이 유달리 거슬린다면 현재 내가 너무 많은 스트레스를 받고 있지는 않은지 살펴보세요.

나와 너, 우리가 관계에서 무너지지 않기 위해

얼마 전 넷플릭스를 통해 개봉된 드라마 〈오징어 게임〉은 전 세계적으로 흥행몰이를 했습니다. 코로나 19의 재앙으로 전 세계가 시름하고, 사상 유래 없는 빈부격차로 다들 힘든 시기를 보내고 있어서일까요? 〈오징어 게임〉이 성공한 데에는 다양한 이유가 있겠지만, 어려운 시기를 살아내고 있는 현대인들의 감성을 자극하고 현실을 위로하는 부분이 공감을 불러온 것 같습니다.

제가 이 드라마에서 제법 눈여겨 본 부분은, 극 초반에 참가자들에게 목숨을 건 게임을 중단할 수 있는 기회가 주어졌다는 점과 모두 돈을 건 치열한 경쟁구도 속에서도 서로 보살피고 연대하려는 인간적인 모습이 표출되었다는 것입니다. 극에서 등장하는 인물들은 하나같이 우리 주위에서 쉽게 만나볼 수 있는 평범한 사람들입니다.

"매주 로또를 사고 있어요. 당첨되면 빚 갚고 집 한 채 사고 싶어요!"

"이제 나이가 많아 아르바이트 자리도 찾기가 힘들어요."

"돈을 성실하게 모아 성공한다는 건 이제는 포기했어요."

"오직 주식과 코인만이 마지막 탈출구라고 생각해요."

"모든 것을 투자한 사업이 코로나로 엎어지고 빚만 잔뜩 늘었어요. 그 사이 아내와의 관계도 나빠져서 현재 별거 중이에요. 어디서부터 문제를 해결해야 할지 정말 모르겠어요."

진료실을 찾는 내담자들이 힘들게 들려준 말과 극중 인물들의 대사는 어딘지 닮아 있습니다. "이제 곧 죽을 테니까, 누구에게도 들려주지 않았던 내밀한 가족사를 말할 수 있는 거야! 앞으로 마주칠 일이 없을 테니까."라고 한 드라마 속 여성의 대사는 내 마음을 누군가에게 드러내는 것이 얼마나 수치스러운지를 잘 나타내고 있습니다. 그 수치스러움은 힘든 말을 내

뱉는 내내 상대의 눈을 쳐다보지 못하게 하고, 부모님의 죽음을 말하는 순간에는 눈동자의 초점을 잃게 합니다. 최선을 다해 살아가지만 느닷없이 감당하기 어려운 일을 겪게 되면, 누구라도 시야가 좁아지고 융통성 있는 생각을 하지 못하게 됩니다. 그럴 때 우리를 유혹하는 것이 바로 '일확천금'입니다. 매일매일 성실한 삶을 살아왔지만 세상에서 보상받은 경험이 없을 때, 단 한 번에 모든 것을 뒤집을 수 있다는 제안은 너무나 유혹적이지요. 부동산, 코인, 주식에 몰입하는 심리가 이와 다르지 않습니다.

그러나 주위에 사람들이 죽어나가고, 아이들이나 하는 쉽고 단순한 게임에서 한순간의 선택으로 내가 죽을 수 있다는 것을 깨닫게 되자 사람들은 공포에 휩싸입니다. 사람들은 죽음 앞에서 게임을 강요당한다고 느끼고 내보내달라고 간절히 호소합니다. 이 지점은 선과 악이 명확히 대립되는데요, 압박하는 대상이 외부에 있고 이를 물리치면 된다는 플롯은 매우 단순하지만 분노를 유발시키기에 충분합니다. 1장에서도 말했듯이 분노는 강력한 힘을 가지고 있습니다. 눈앞에 보이는 대상을 거부하고 그곳에서 탈출한다면 살아남습니다. 일단 죽음의 공포 속에서는 살아남아야겠다는 간절한 본능이 앞서기 때문에 다른 것을 고려할 여유가 없습니다.

그렇게 드라마에서는 과반수 투표를 통해 참가자 모두가 다시 집으로 돌아가게 됩니다. 여기서부터 본격적인 극이 시작합니다. 죽음의 게임 속에서 어렵게 탈출해 집으로 돌아왔는데, 마주한 현실 세계는 더 지옥입니다. 출구가 보이지 않는 현실의 압박감, 과도한 빚더미, 채무 속에서 사람들은 원망해야 할 상대를 찾지 못해 다시금 복잡한 혼란에 빠집니다.

왜 생각이 넓어지지 않는가

원망하고 탈출해야 할 상대를 찾지 못할 때, 그 공격성은 자신의 내부를 향하게 됩니다. 들끓는 분노감이 가라앉으면 현실을 직시하게 되는데요, 그 속에 비친 자신의 모습은 한없이 초라하고 약합니다. 자존감도 바닥으로 떨어져 누군가에게 의지하거나 위로를 기대하는 것도 버겁습니다. 수치스럽기 때문이지요. 결국 간절히 탈출을 애원했던 사람들 중 대부분이 다시 게임에 복귀합니다.

인간은 늘 합리적인 이성을 가진 존재로 추앙되곤 하지만, 우리는 드라마 속의 게임처럼 단순한 머릿속 플롯에 따라 행동하는 경우가 무척이나 많습니다. 살아가면서 겪는 스트레스나 관계에서의 어려움을 극복하는 방법이 모두 다른 것은, 저마다 다른 방식으로 각자의 머릿속에 깊이 각인되어 있기 때문입니다.

정신분석가인 피터 포나기는 '어린 시절의 관계를 재연하기 가장 쉬운 상대에게 매력을 느끼게 된다'라고 했습니다. 머리로는 잘못된 길인 줄 알지만, 다른 방법을 찾기가 너무나 힘든 것이지요. 사회 낙오자로 정말 벼랑 끝까지 내몰린 사람들은 늘 좁은 시야 안에서 결정을 하게 됩니다. '이번 한 번으로 모든 걸 만회할 수 있어!'라는 유혹은 현실에서는 도저히 방법을 찾을 수 없고, 아무에게도 기대지 못해서 삶을 그만 중단하고 싶은 심정일 때, 뿌리치기 힘든 달콤한 제안일 것입니다.

무한 경쟁에서 뒤처지지 않기 위해서는

그렇다면 세상은 왜 돈 앞에서 무한 경쟁을 하는 건가요? 흔히 생물학적으로 스트레스 반응을 '싸우거나 도망가거나'라는 월터 캐넌Walter Cannon의 이론으로 설명합니다. '수백 억의 돈을 따거나 아니면 죽거나' 즉, '모 아니면 도'인 거지요? 그런데 이게 다 일까요? 감독은 극중에서 노인과 여성, 남자 주인공을 통해 '그럼에도 연대의 가능성'을 넌지시 제시합니다. 미국의 심리학자인 셀리 테일러Sally Taylor도 '사회 구성원들이 모두 싸우거나 도망간다면 노인과 아픈 사람은 무방비로 위험에 노출되었을 텐데, 사회가 어떻게 유지되었겠는가?'라는 같은 질문을 던졌습니다. 실제 그는 투쟁과 도피는 실제로 남성들에게 주로 나타나고, 여성과 노인들은 돌봄 반응을 통해 사회를 유지시켰다고 합니다. 최근 뇌 과학 연구에서는 이에 관여하는 작동체계를 배쪽 미주신경과 옥시토신 호르몬으로 설명하기도 합니다. 싸우거나 도망가는 대신에 상대를 바라보고 위안을 건네고 서로 연대하는 것입니다.

〈오징어 게임〉에서 남자 주인공이 아무도 짝을 하지 않으려는 노인에게 팀을 제안하는 순간과 힘으로는 열세이지만 결국 연대해서 이기게 되는 줄다리기, 연약해 보이는 모습 때문에 아무도 팀을 하지 않으려고 해서 남겨진 젊은 여성 두 명이 서로의 마음을 내보이며 대화를 나누는 모습을 통해 우리는 인간적인 연대를 발견할 수 있습니다.

예리한 시청자라면 눈치챘겠지만 이들이 연대하기 전에 꼭 묻는 것이 있습니다. 그것은 바로 서로의 '이름'입니다. 일확천금을 내건 게임장에서 통솔자들은 '얼굴'과 '이름'이 없습니다. 참가자들도 오직 '번호'로만 불리지요. 그런데 마음의 문을 열고 서로 연대를 하려고 할 때, 갑자기 상대의 이름이 궁금해집니다. 그래서 남자 주인공은 이렇게 말을 합니다.

"앞으로 서로 함께할 건데, 이름 정도는 알아야 하잖아요?"

이처럼 서로 간의 이름을 먼저 물어보며 관심을 가지는 것이, 요즘같이 각박한 세상을 안전하고 무사히 헤쳐 나갈 수 있는 슬기로운 해법이 될 수 있을 것입니다.

"매장 쇼윈도에 디스플레이를 하는 것처럼 사람들도 다른 사람에게 보여 주기 위한 면을 마련해놓으려 한다"

-《클라라와 태양》, 가즈오 이시구로 지음, 민음사(2021)

태양빛처럼 쨍하고 강렬한 붉은 표지와 슬금슬금 사라지려고 하는 노란 태양 표지가 마음을 사로잡습니다. 태양의 자양분으로 충전되는 로봇이라니, 흥미진진한 SF 소설을 기대하고 책장을 펼쳤는데, 웬걸요. 여러 차례 눈물을 훔치며 읽어야 했습니다. 이 책은 관계에 대한 깊은 고민을 하게 합니다.

책에 등장하는 인물들은 인간임에도 매우 '비인간'적 면모를 지녔습니다. 등장인물들은 모두 신분을 나타내는 옷차림을 하고 있고, '향상된' 아이들만 교육을 받을 수 있는데요, 그조차도 집에서 온라인 교육을 받아야 하기 때문에 아이들끼리의 소통을 위해서는 어쩔 수 없이 '교류 모임'에 들어가야 합니다. 작가는 지금과 같은 코로나 시대가 오리라는 것을 미리 예측이라도 했던 것일까요? 코로나 19 이후 온라인으로만 소통했을 때 나타나는 사람들 간의 갈등과 대면 시 무척이나 어색해하는 모습을 보면서 이 소설이 황당한 SF이거나 작가의 상상 속에만 존재하는 공간이 아니라는 생각에 오히려 서글픔을 느끼게 됩니다.

인공지능 로봇 AF는 Artificial Friend의 약자로 성장하는 아이들을 위해 친구 역할을 하는데요, 아이들에게 안정감을 제공하고 주양육자를 대신하여 아이 옆에서 머문다는 의미에서는 대상관계이론 정신분석가인 위니코트가 말한 과도대상transitional object과도 흡사합니다. 위니코트의 과도대상은 흔히 만화 〈피너츠〉의 라이언이 늘 가지고 다니던 담요로 비유되곤 합니다. 어린아이가 애착을 가지는 물건으로 곰인형이나 담요같이 만지면 부들부들한 물건들입니다. 그런데 소설 속 AF인 '로봇' 클라라는 차갑고 인공적인 물건이지만 가장 인간다운 면모를 지녔습니다. 여기서 인간다움이란, 우리가 흔히 기대하는 남을 배려하고 상대의 마음을 헤아리고 이기적이지 않는 마음을 뜻합니다.

정신건강의학과 상담실을 찾는 사람들을 만나다보면, 어느 때보다 물질적으로 풍요로운 환경에서 살아가고 있지만, 어린 시절 부모님으로부터 충분한 인정과 지지를 받지 못하고 성장하여 마음 한쪽의 결핍을 가진 이들이 많은 것을 알게 됩니다. 그로 인해 상대에게 쉽게 상처를 받고 그 상처를 피하기 위해, 대인관계를 끊고 고립된 생활을 하는 악순환을 거치며 지독한 외로움을 느끼게 되는 것이지요. 소설 속 어른들이 종종 로봇인 클라라에게 의견을 구하고 자신의 마음을 표현하는 장면은 저에게 낯설지 않았습니다. 충분히 성장한 어른들의 마음 한 곳에 자라지 못한 아이가 숨어 있고, 그 아이를 돌보기 위해서는 클라라와 같은 과도대상이 필요할 테니까요.

클라라는 이런 점에서 섬세하게 상대의 마음을 헤아리는 능력을 지녔습니다. 그래서 클라라의 모습에서 상담하는 정신과 의사나 치료사의 모습을 발견하게 됩니다. 클라라는 인공지능로봇으로 사람들의 마음을 이해하기 위해 차곡차곡 데이터를 쌓아가고, 사람들의 감정을 섬세하게 읽어냅니다. 이를 테면 '목소리에서 묘한 조심스러움을 느꼈다'라고 표현하며, 상대의 겉으로 드러난 말의 내용에만 집중하지 않고 목소리의 톤과 속도 등을 통해 화자의 섬세한 의도를 파악하고 있습니다. 또한 클라라는 이렇게 말합니다. '그 아이는 외로움이 두려워서 그렇게 행동했을지도 몰라요.' 마음 깊은 곳에서 외로움을 느낄 때, 그 연약한 감정을 느끼기 너무나 두려워 일부러 강하고 심술궂게 행동하는구나 하고 헤아리는 것이지요. 클라라는 아이들뿐 아니라 어른들의 마음도 알아차립니다. 얼굴에는 웃음을 띠었지만 눈에는 노기가 있고, 두려움을 느낄 때 화를 낸다는 것을 알게 됩니다. 그리고 결국 이런 결론에 도달합니다. '적어도 잠재적으로 인간은 전부 외로운 것 같아요. 마음은 방이 아주 많은 집과 같아서 배우기가 제일 어려워요'라고요.

클라라는 인간의 마음을 어렵게 해석하거나 단정지어 설명하는 대신, 자신의 마음을 독자가 자연스럽게 따라오도록 유도하며 타인의 마음을 추측하고 느끼게끔 도와줍니다. 클라라가 얼마나 섬세하게 인간을 이해하고, 마음을 헤아리고 있는지가 느껴져 슬퍼지고 마음이 저릿해지기까지 합니다. 클라라는 일관되게 사람들의 마음에서 외로움과 두려움을 발견합니다. 외로움과 두려움을 감추기 위해서 강한 척하고 때로는 그것을 매장에 디스플레이 하듯 어쩔 수 없이 과장해서 남에게 보이는 면이 필요하다는 것까지 인정합니다.

그래서 인간들이 무례하게 내던지는 말에도 상처를 받지 않습니다. 스스로의 감정은 저 깊은 아래에 숨기고(위니코트의 과도대상인 〈피너츠〉의 담요처럼 로봇이니 감정이 없는 게 당연한지도 모르겠습니다). 상대의 마음만을 헤아리며 결국은 헌신적으로 돌보던 조시의 병을 회복하도록 돕습니다. 뭐든지 기계적으로 분석하고 대체하려는 인간의 방식이 아닌 인공지능로봇인 클라라는 태양의 자양분이라는 방식(클라라 자신이 태양빛으로 충전이 되듯 해를 쪼여 아픈 조시를 낫게 하는 것)으로 조시를 구하게 되는 장면은 꽤나 역설적입니다.

결국은 누군가의 마음을 헤아린다는 것은, 나 스스로를 내려놓고 자연의 섭리에 따르는 것이라는 작가의 메시지일 수 있습니다.

이 책을 읽은 많은 독자들은 후반부에 클라라가 야적장에서 혼자 쓸쓸히 있는 장면을 보고 눈물을 흘렸을 것입니다. 저 역시도 그랬습니다. 클라라에게 지나치게 감정 이입이 된 결과입니다. 앞서 인용한 위니코트의 말을 다시 빌리자면 그는 '과도대상은 사라지거나 애도되지 않고 그냥 어딘가limbo에 보내진다'고 표현했습니다. 아이가 성장하고 내면이 단단해져서 양육자나 과도대상의 가까운 위로가 필요 없을 때, 과도대상은 대체로 슬퍼하면서 떠나보내는 것 대신 서랍 구석이나 다락방 등에 던져지게 되는 것이지요. 조시는 건강해져서 멀리 학업을 떠나게 되자 클라라와 쿨 하게 이별을 하게 되는데요, 야적장에서의 클라라는 오히려 담담히 자신의 자리를 지킵니다.

얼마 전 다녀간 내담자의 말이 떠오릅니다. “지금까지 살아오면서 제 감정과 생각을 거리낌 없이 말해본 사람은 선생님이 처음인 거 같아요.” 우리는 사랑하는 사람과 강하게 연결되고 외로움을 느끼지 않길 바라지만, 때로는 그 방법을 잘 알지 못할 때가 많아 힘듭니다. 24시간 곁을 지켜줄 엄마를 대신해서 담요나 곰인형을 만지작거리며 위안을 받는 어린이처럼 때로는 흔들리고 외로운 마음을 잡아줄 누군가가 필요할 때가 있는 것이지요. 마음이 흔들려서 괴롭거나 상담사나 정신과 의사가 과연 어떤 역할을 할 수 있을까, 하는 의문이 들 때 읽어봄직한 책입니다.

3장

유연하고 단단한 관계를 만드는 법

상황과 감정, 편견에서 벗어나 상대를 바라본다면

종종 대인관계로 매우 힘들어하는 사람들이 있습니다. 내가 힘들어하는 사람이 공공의 적이라면 누구나에게 공감을 얻기 쉽고 위로를 받을 수 있습니다. 그런데 세상일은 그렇지 않지요. 모든 관계는 항상 얽히고설켜 있으니까요. 누군가에게는 악마 같은 사람이 누군가에게는 위로가 되기도 하고, 험담을 했던 사람인데 힘들면 제일 먼저 찾게 되는 대상이 되기도 합니다. 사람이 참으로 간사해서 그런 걸까요? 상황에 따라 내가 느끼는 감정의 결이 다르고 그에 따라 상대가 다르게 느껴지기 때문에 그렇습니다.

오랫동안 약국을 운영해온 약사님과 대화를 주고받다 들은 말입니다.

> "제가 기분이 무척 나쁜 날은 왠지 화가 나 있는 사람들만 약국에 찾아오고, 기분이 좋은 날은 즐거워 보이는 사람들만 찾아오더라고요."

정말 중요한 깨달음입니다. 내담자들과 상담을 하다보면, 유독 우울감이 심해지고 스트레스가 많아지는 시기에 교통사고나 어려운 일이 자주 일어나고, 주위 사람들과 갈등이 심해진다고 호소하는 말을 자주 듣습니다. 엎친 데 덮친 셈이지요.

관계, 감정을 주고받는 사이

사람들은 상대의 표정과 기분만 생각하지 그들에게 보이는 자신의 모습은 생각하지 않습니다. 싱그러운 식물을 보면 저절로 마음에 생기가 도는 걸 느낍니다. 나를 향해 반갑게 꼬리치는 강아지를 보면 반려동물을 키우지 않는 사람들도 쓰다듬어 주고 싶어 하지요. 식물과 동물을 통해서도 우리는 자연스럽게 감정적 영향을 받는데, 사람들 사이에서라면 그 영향력은 더욱 강력합니다. 사람들은 서로 감정을 주고받으니까요.

우울하고 힘들어하는 사람의 표정을 보면 자연스럽게 같이 기분이 쳐지고, 흥분해서 격앙되어 있는 사람들을 보면 같이 화가 나고 가슴이 뛰니다. 뇌의 거울뉴런이 상대의 감정을 읽고 비슷하게 느끼기 때문입니다. 같이 싸울 것이냐, 도망갈 것이냐를 판단해야 하니 머릿속이 바빠집니다. 심한 조증 상태이거나 환청, 망상에 사로잡혀 있는 정신질환으로 힘들어하는 하는 사람들은 이 감정의 폭이 매우 큽니다. 롤러코스터 같다고 할까요? 그렇지만 24시간 늘 감정이 고속으로 달리지 않습니다. 종종 수면 아래로 떨어져 조용해 보일 때도 있습니다. 그러나 작은 자극에도 마치 엄청난 쓰나미 물결처럼 감정이 출렁이기 일쑤입니다.

특히 망상의 대상에게는 감정이 폭발하는 경우가 종종 있습니다. 그렇지만 오랜 기간 신뢰하며 관계를 쌓은 가족이나 흔히 말하는 라포Rapport(치료적 관계)가 좋은 치료자가 곁에 있으면 감정이 가라앉기도 합니다.

감정이 롤러코스터처럼 출렁일 때

감정조절의 어려움과 망상 등으로 여러 차례 입원을 해야 했던 E씨는 어린 시절부터 부모님의 다툼, 심지어는 폭력을 행사하는 장면을 지켜보고 자랐습니다. 결국 부모님은 이혼을 하셨고, 이후에는 어머니와 함께 지냈습니다. 어머니는 이혼한 아버지에게 경제적 지원을 받을 수 없었기에 마음의 여유가 전혀 없었습니다. E씨를 최선을 다해 돌보았지만, 종종 E씨에게 하소연을 하거나 E씨가 번 돈을 생활비로 쓰기도 했습니다. E씨는 어머니에 대한 서운함과 속상함, 또 아버지와 헤어지게 된 것이 어머니 탓 같은 마음에 원망을 했습니다. 그러나 그것을 표현하지는 않았습니다. 그러다 어머니에 대한 망상이 심해져서 감정의 잠금 장치가 해제되자 매우 공격적으로 변했습니다. 직장생활도 할 수 없게 되고, 밤새 길거리를 배회하기도 했지요. 결국은 한 건물에 무단 침입하여 주민 신고로 경찰에서에서 조서를 받게 되었습니다. 어머니는 경찰의 도움을 받아 치료를 위해 병원을 방문했습니다.

망상에 사로잡혀 있고 매우 흥분한 사람들과의 상담은 외줄타기를 하는 심정입니다. 조금이라도 그들을 자극하면 감정이 폭발하기 때문인데요, 매우 조용하고 느리게, 부드러운 목소리로 천천히 대화를 시도했습니다. 다행히 E씨는 다소 감정이 가라앉는 듯했고, 논리에 안 맞는 망상적 대화이지만 그럭저럭 대화를 이어나갈 수 있었습니다.

E씨는 치료제를 복용하는 등의 적극적인 개입을 거부했지만, 그의 상태는 치료가 매우 필요했습니다. 치료를 강제로 받

게 하기 위해서는 어머니뿐만 아니라 직계가족인 아버지나 혹은 경찰과 같은 공공기관의 협조가 필요합니다. 하지만 안타깝게도 E씨의 상태를 목격하지 못한 아버지나 경찰은 E씨의 롤러코스터와 같은 감정을 이해하지 못했습니다. 치료 동의를 구하고자 E씨의 어머니가 연락을 취했지만 아버지는 관계가 안 좋았던 아내의 연락을 귀찮아했습니다. 결국 E씨는 망상에 몰입해 식사도 거르기 일쑤고, 상담 중에도 어디론가 사라졌습니다. 어머니는 망연자실해서 울부짖으며 같이 따라 나가는 모습을 저 역시 바라봐야 했습니다.

누군가의 입장에서 느끼고 생각하기란, 상대가 내 앞에 있어도 쉽지 않습니다. 나의 상황과 감정, 편견들이 모두 작용하기 때문입니다. 내가 파악하는 상황이 사실이 아닐 수 있습니다. 반드시 보이지 않는 이면이 있다는 것을 우리는 꼭 기억해야 합니다.

마음의 빗장을 푸는 함께하는 식사

"밥은 먹었니?"

"항상 든든하게 먹고 다녀라!"

어렸을 때부터 할머니에게 자주 듣던 말이었습니다. 속으로 저는 '요즘 시대에 밥 굶는 사람이 어디 있다고 그러실까, 많이 먹으면 살만 찐다고요!'라고 되뇌며 건성으로 "네."라고 답했지요. 너무 고리타분한 안부 인사라고 생각했는데요, 요즘은 누군가와 식사를 하거나 누군가의 배고픔을 헤아리고 챙기는 일이 얼마나 따뜻한 위로인지를 절실히 느끼고 있습니다.

부푼 기대와 꿈을 가지고 정신건강의학과 레지던트 수련을 시작했을 때의 일입니다. 추위가 채 가시지 않았던 3월 한 달간 저와 동료들은 병원에 머물면서 일과 교육을 병행해나갔습니다. 입원 환자들의 입장을 직접 느껴보고, 무엇보다 병동이나 응급실에서 바쁘게 돌아가는 업무를 단시간에 익혔지요. 잠자는 시간을 제외하고는 일과 교육을 이어나가느라 제법 지치는 일과였습니다. 그날도 간호사실 한 구석에서 입원 환자들의 검사 결과를 확인하고 있었던 것으로 기억합니다.

갑자기 딱딱 하는 익숙한 소리가 들려왔습니다. 불현 듯 어머니가 도마 위 칼질하는 소리가 연상이 되는 게 아니겠어요? 자연스레 집밥이 떠올랐고요. 한동안 잊고 있던 집에 대한 '향수'가 스멀스멀 올라왔습니다. 감정적으로 지쳐 있었는데, 식사를 기다리는 상상을 하니 몸이 이완되는 느낌을 받았습니다. 배부른 식사를 연상시키는 소리에서 뜬금없이 추억에 빠져들었던 것이지요. 병동에서 누군가 요리를 할 리는 없는데 하며 주변을 살펴보니, 약을 잘 삼키지 못하는 환자를 위해 간호사가 약사발에 약을 빻는 소리였습니다.

음식이 우리에게 미치는 영향

우리는 그리움, 추억, 따뜻함에 대한 기억을 회상할 때 음식과 연결 짓는 일이 많습니다. 산 정상에서 먹었던 커피믹스와 캠핑을 가서 구워먹은 고기는 늘 먹던 맛과는 다른 듯합니다. 여행지에서의 식사가 머릿속에 오래 남아 있는 이유는 행복, 즐거움, 유대감과 같은 감정과 연결되어 있기 때문입니다. '연결된 신경은 같이 발화한다'라는 헵의 원칙이 또 한번 적용되는 순간이기도 합니다.

무엇보다 유학이나 이민을 갔을 때는 고향의 맛이 더욱 그립습니다. 김치찌개나 된장 맛에 대한 그리움일 뿐 아니라, 김치찌개를 함께 먹던 가족과 친구들, 그들과 나누었던 따뜻한 대화, 배부르게 먹었을 때의 몸이 편해지는 이완감을 소환하고 싶은 욕구일 것입니다. 먹는 행위는 오래 전부터 우리 몸에 안전하게 인식되었습니다. 음식을 씹고 삼키는 과정 자체가 몸의 미주신경을 활성화시키고, 이것은 몸의 긴장을 풀리게 하는 데 효과가 있습니다. 누군가와 함께 요리를 하거나 누군가를 위해 요리를 하는 것은 즐거움과 유대감을 함께 나누는 것입니다.

시판 소스로 손쉽게 근사한 식사 한 끼를 만들 수 있는 메뉴

중 파스타가 있습니다. 가족 구성원들마다 먹는 취향이 조금씩 다를 수 있는데요, 어떤 이는 미트소스, 누군가는 토마토소스나 크림소스를 선호할 수 있습니다. 납작한 면, 동그란 면, 짧은 면 등 면도 선택지가 다양하지요. 그런데 집에서 만들어 먹을 때는 면과 소스를 각양각색으로 하긴 쉽지 않습니다. 파스타를 먹는 행위에서도 의견을 조율하고 나와 다른 사람들의 취향을 고려해야 합니다.

이렇듯 사람들이 모여서 식사를 만들고 같이 먹는 과정에서 많은 관계가 얽히게 됩니다. 혼자서 식사를 할 때와는 차원이 다른 경우의 수가 발생하지요. 그 과정에서 우리는 내 취향을 표현하는 법, 누군가로부터 내 의견이 존중받았을 때의 기쁨, 배부른 느낌, 상대가 원하는 식사를 같이 했을 때의 기쁨과 보람 등을 느낄 수 있습니다. 한 끼의 식사를 위해 재료를 장만하고 요리를 하고 설거지를 하는 일련의 행위들에 온전히 집중하는 자체가 가족이나 지인들 간의 관계를 돈독히 하는 데 굉장히 도움이 됩니다.

단, 모든 사람들이 결과가 아니라 과정에 같이 집중해야 합니다. "난 토마토 파스타! 다 되면 불러"라는 식으로 물러나거나, 다 같이 간 수련회에서 식사나 뒷정리에 참여하지 않고 빠지는 사람들이 있습니다. '일을 안 하니 몸이 편하지!'라고 생각할 수 있겠지만, 그 과정에서 함께하며 마음을 쌓는 관계는 맺을 수 없습니다. 비싼 재료로 만든 요리가 아니어도 됩니다. 간단한 볶음밥이나 라면이라도 누군가와 함께 요리하고 맛을 즐긴다면, 우리 뇌는 식사를 하는 동안 이완되는 느낌과 누군가와 연결되는 느낌을 동시에 저장해서 '편안한 관계 맺기'를 좀 더 수월하게 해줄 것입니다.

오롯이 나를 위한 한 끼의 힘

20대 초반 인도 여행을 갔을 때였습니다. 20세기에서 21세기로 넘어가는 시기였던 터라 인도에 가면 명상과 초월적 자기를 발견하리라는 기대로 인도 여행이 붐을 이루던 시기였지요. 저와 친구 역시 막연하게 '자아 찾기'라는 이름의 여행을 떠났습니다. 게스트 하우스에서 유럽에서 여행 온 친구들과 대화를 나누게 되었습니다. 그중 한명이 대화를 나누던 중 갑자기 음료수를 꺼내 혼자 마시기 시작했는데요, 다른 사람들(정확히 다른 유럽인들)은 개의치 않는 듯했습니다. 저와 제 친구는 눈빛으로 '뭐지?' 하는 느낌을 공유했지요. '아니 어떻게 다 같이 이야기를 나누는 자리에서 음료를 권하지도 않고 혼자서 마실 수가 있지? 이런 게 문화충격인가?'라는 생각이 머릿속을 스쳐 지나갔습니다.

그 당시의 우리나라 문화는 뭐든 함께하는 것을 미덕으로 여겼습니다. 식사 메뉴도 2, 3인분이 기본이었고, 혼자 온 사람을 위한 자리는 없었습니다. 저는 그때도 혼자서 식사하는 것을 종종 즐겼는데 식당 사장님들이 썩 반겨하지 않는 눈길을 받았던 기억이 있습니다. 그런데 지금은 혼밥, 혼술, 혼영이 부끄럽지 않은 세상이 되었지요. 오히려 불편한 사람들과 함께하는 것보다 혼자 편하게 시간을 누리고 싶어 합니다. 몇 년 전 잠시 사업체를 운영했을 때, 20대 초반의 직원을 채용하는 면접 자리에서 저와 같이 동석한 면접관들이 회사의 복리후생으로 해외연수를 이야기했는데요, 그 자리에서 그 직원은 바로 "꼭 상사들과 같이 가야 하나요?"라고 되물었던 기억이 납니다. 내가 원하지 않는 의무적인 식사 자리나 여행은 혜택이 아니라 강요라고 생각하는 사람들이 많아진 것이지요.

정신분석가 구스타프 칼 융은 사람의 성향을 '내향적이냐, 외향적이냐'로 분류를 했습니다. 외향적인 사람은 누군가와 함께 있을 때 에너지를 얻고, 내향적인 사람은 혼자 있을 때 에너지를 충전한다고 합니다. 사회에서는 사람들과 잘 어울리고 활발

한 외향적인 사람을 더 좋게 평가하는 경향이 있습니다. 그래서 혼자 있으면서 에너지를 충전해야 하는 내향적인 사람들은 억지로 이런 저런 모임에 참여하느라 힘들어합니다. 판단의 중심을 내 몸과 마음에 두면, 어떤 상황에서 내가 편하고 위로를 받는지 알 수 있고 사람들과 적절하게 어울릴지 말지를 결정할 수 있습니다.

이제 누구와 식사를 할지 생각해볼까요. 같이 있으면 편하고 내 말을 귀담아 들어주는 사람과 함께 식사를 하면 소화가 잘 되고 몸도 편안해지는 것을 느낍니다. 반대로 불편한 사람과 식사를 하며 상대의 감정과 생각을 일방적으로 들어야 상황은 불편하다 못해 체한 느낌까지도 받을 수 있습니다. 내가 지금 누군가와 함께 있기를 원하는지 아닌지를 알기 위해, 몸과 마음을 잘 살펴보세요.

'나만 싫어하는 것 같은데' 느낌 버리기 연습

썩 내키지 않는 식사 자리에 초대받았을 때는 적절하게 거절해보세요. 자기주장 연습의 일환으로 '적절히 거절해보십시오'는 상대가 기분 나쁘지 않을 정도로 자신의 의견을 전달하는 것인데요, 이것도 연습이 필요합니다. 자전거 타기를 책으로 배울 수 없듯이, 거절하기 역시 누군가를 바라보며 내 입으로 말해보지 않으면 익숙해지지 않습니다. 이때 명심해야 하는 게 있습니다. 거절한다고 해서 상대를 무시하는 것도 아니며, 내 거절로 인해 상대가 나를 미워하게 되는 것이 아니라는 것을요. 우리는 흔히 누군가의 제안을 거절하면, 지레 걱정하며 괜한 죄책감으로 상대가 나를 싫어하는 것이 아닐까 하는 의심을 하게 됩니다. 그러다보면 아무런 감정이 섞이지 않은 상대방의 작은 말이나 행동에도 자신을 싫어한다는 생각과 연결해서 과대해석을 하지요.

거절하기 힘든 식사 자리에 참석하게 되었다면 다른 사람들의 말과 행동에 어느 정도 반응할 것인지를 미리 정해두세요. 그렇게 하면 좀 더 내 식사와 몸에 집중할 수 있고, 불편한 감정을 막을 수 있습니다. 종종 다른 사람을 많이 의식하는 사람들은 식사 자리에서 타인의 말과 감정을 들어주는 것에 많은 에너지를 소모하여 쉽게 지치기도 합니다. 다른 사람의 감정을 내가 얼마나 수용할 것인지, 어느 정도 내 얘기를 꺼내놓을 것인지는 오롯이 내가 결정하는 것입니다. 내가 결정한다는 마음을 먹으면 훨씬 수월하게 식사를 할 수 있습니다.

혼자서 밥을 먹고 싶은 마음이 드는 것은 전혀 이상하지 않습니다. 혼밥 하는 동안 오롯이 자신의 에너지를 축적하고, 그 에너지를 바탕으로 나머지 시간에 사람들과 힘을 내어 어울릴 수 있으니까요. 핵심은 사람들과의 관계를 맺을 때 여럿이 함께하는 식사 시간을 활용하여 적절하게 관계의 균형을 잡는 것입니다.

같이 놀면 재밌을까?

코로나 19로 1년이나 늦춰진 '2020 도쿄올림픽' 때였습니다. 병동을 회진하는데, 휴게실에서 모인 환자들이 눈을 반짝이며 올림픽 중계를 시청하고 있습니다. 남자 자유형 200m 결승전이었는데, 우리나라 선수가 두각을 보이자 모두 숨을 죽이며 응원을 하고 있었습니다. 평소 쓰나미처럼 휘몰아치는 마음의 증상들로 힘들어하던 환자들도 이때만큼은 잠시 현실의 고통에서 빠져나온 듯 보였습니다.

내담자들에게 행복했던 기억을 꼽아보라고 하면 가슴 두근거리는 순간들을 떠올리는 경우가 많습니다. 놀이공원에 가서 놀았던 기억이나 흠뻑 땀을 흘리며 조깅을 했던 순간, 사람들과 어울려 축구를 할 때 말이지요. 내담자들의 답에서 공통점을 발견했습니다. 바로 여럿이 어울려 즐거운 활동을 했을 때를 말하더군요.

심장이 쿵쿵 뛰며 기분 좋은 긴장감을 느낄 때 우리는 그 원인이 무서워서인지, 어디가 아픈 상황인지, 누군가를 좋아하는 마음에 방망이질을 하는 것인지 구별할 수 없습니다.

누군가와 함께 신나고 즐거운 경험을 했다면 관계가 한결 부드러워질 수 있는 기회입니다. 아이들을 보면 쉽게 알 수 있습니다. 아이들은 어른처럼 쭈뼛거리며 호구조사를 하지 않습니다. 몇 살인지, 어디에 사는지, 무슨 일을 하는지를 미루어 짐작하고, 조심스레 말을 건네는 어른들의 거추장스런 과정을 생략합니다. 놀이터에서 우연히 만나더라도 같이 노는 순간 현재의 시간을 공유하며 쉽게 친해집니다. 놀이에서 이기든 지든 아이들에게는 큰 상관이 없습니다. 그 과정 자체가 즐거움을 안겨주기 때문이지요. 숨바꼭질을 하는 아이들 머릿속에는 내가 몇 번 술래가 되어 잡혔는지 몇 번을 찾았는지가 중요하게 남지 않습니다. 숨어 있는 곳을 들킬까 조마조마하고 긴장되는 마음, '어디 숨었을까' 생각하며 찾는 동안의 가슴 벅찬 호기심 등만 남을 뿐입니다.

과정을 함께할 때 느끼는 유대감

어느 날인가 초등학생인 제 아이와 함께 보드 게임을 하던 중이었습니다. 숫자판 몇 개를 나눠 가진 뒤 상대의 숫자를 유추해서 맞추는 게임인데, 이미 나왔던 숫자를 잘 기억하면 이길 확률이 높아집니다. 아이는 게임에서 지자 대뜸 "엄마가 앉은키가 크니까 내 숫자 본 거 아니야? 그게 아니라면 정말 운이 좋은 거야!"라고 말하며 뾰로통해지더니 금세 눈가에 눈물이 고입니다. 게임에서 진 후 느끼는 서운함과 슬픔을 저리도 재빠르게 표현하다니 신기한 마음이 들었지만 (어른들의 세계에서는 지더라도 짐짓 괜찮다고 거짓 위로를 하거나 감정을 드러내지 않으려고 하는 성향이 있으니까요) 재빨리 정말 속상하겠다는 위로를 건네며 다시 게임을 시작했습니다.

결국 다음 판에서 승리를 거둔 아이는 좀 전에 눈물을 흘렸다는 것을 상상하기 어려울 정도로 깔깔거리며 기쁜 마음을 여과 없이 표현합니다. 게임에서는 능력과 아울러 어느 정도의 운이 영향을 미치기 때문에 늘 이길 수는 없습니다. 우리 인생도 이와 결이 비슷합니다. 이겼을 때의 내 기쁨과 상대의 속상함을 같이 나누는 것, 상대의 속상함을 받아주고 내 슬픔을 억누르지 않고 표현하는 것, 속상함이나 불편한 감정을 피하지 않고 그 순간에 머무는 연습은 인생의 축소판과도 같습니다. 절대 지면 안 되고, 이길 수 있도록 실력을 연마하는 것, 이길 만한 실력을 갖춘 상대와 팀을 꾸리는 등의 팁은 오로지 결과만을 중요시하는 어른들의 관점입니다. 놀이를 하거나 게임을 할 때 중요한 것은 마지막의 결과가 아니라 게임 과정에서 겪는 긴장감과 흥분, 사람들과의 교류, 게임에서 졌을 때 느끼는 감정을 표현하고 상대에게 존중받는 것, 이겼을 때의 기쁨을 함께 나누는 과정들일지 모릅니다.

이번 올림픽에서도 금메달만을 추앙하던 과거와는 달리 메달을 따지 못했더라도 노력하는 과정에 더 집중하고 응원하는 문화가 조성된 듯 느껴졌습니다. 참으로 반가운 일이 아닐 수 없습니다. 나만 늘 이기는 게임이 없듯이 항상 좋기만 한 관계 또한 존재하지 않습니다.

지는 것을 견딜 수 없고 늘 결과에만 집중하다 보면 제대로 된 게임을 즐길 수 없듯이, 사람들과의 관계도 늘 좋아야 한다는 부담을 내려놓아야 합니다. 즐겁고 유쾌하게 때로는 서운하고 속상할 수 있는 유동적인 상태가 바로 '관계'라는 사실을 명심하면서요.

관계의 90퍼센트는 말투에서 시작된다

결혼의 민낯을 잘 그려낸 레오나르도 디카프리오와 케이트 윈슬렛 주연의 영화 〈레볼루셔너리 로드〉에서는 가까운 사이에서의 말싸움의 전형을 볼 수 있습니다. 케이트 윈슬렛이 연기한 아내는 연극배우입니다. 카메라는 여배우의 연기가 엉망이라며 수군거리며 퇴장하는 관객들의 모습에서 무대 뒤 풀 죽은 표정으로 앉아 있는 아내를 클로즈업합니다. 무척이나 슬퍼 보이는 눈빛과 처진 입 꼬리를 통해 배우로서 아내가 얼마나 큰 수치심을 느끼고 좌절했을지 느낄 수 있습니다.

레오나르도 디카프리오가 연기한 남편은 아내의 표정을 살피고, 그녀가 기분이 별로라는 것을 간파합니다. 남편은 아내의 극단 동료들이 한잔 하러 가자는 청을 이미 수락한 상태였는데, 기분이 말이 아닌 아내는 적당한 핑계를 대고 취소하자고 합니다. 남편은 이해가 안 되는 표정을 짓지만 아내 말을 들어줍니다. 남편은 아내의 좌절감을 충분히 이해하지 못했기에, 화만 내는 아내에게 어떻게 다가가야 할지 몰라 마음이 불편해집니다. 두 사람의 관계에서 미묘한 긴장감이 감돕니다. 귀가하는 차 안에서 남편은 그만 잊어버리라고 하며, 아내의 연기가 좋았다는 말도 건넵니다. 어떻게든 아내의 마음을 풀어보려고 하는 시도이지요. 그런데 아내는 남편에게 갑자기 소리를 지르고 차를 세우라고 하고는 확 내려버립니다. 남편 역시 화가 나 급기야 맨주먹으로 차량을 내리칩니다.

가까운 사이에서 일어나는 관계의 비틀림

부부나 가족, 연인과 같은 가까운 사이에서는 부정적인 감정을 반복해서 나누어 파국을 맞이하는 패턴이 매우 흔합니다. 일반적인 사회관계에서는 내가 기분이 안 좋으면 자연스럽게 사람들과 교류를 피하기도 하고, 누군가 잔뜩 화가 나 있어 보이면 그 사람과의 대화를 본능적으로 아낍니다. 〈레볼루셔너리 로드〉의 주인공인 아내도 기분이 엉망이 되자 동료들과의 회식

자리를 피하지요. 본능적으로 우리는 스스로에게 보호막이 필요할 때를 알고 있습니다. 마음을 다치거나 심하게 상처를 받을 때 사람들은 자연스럽게 안전한 곳에서 머물고 싶어 하고, 누군가에게 위로받고 싶어 합니다. 이런 상태를 영국 정신과 의사인 존 볼비는 애착이 활성화된다고 표현했습니다. 애착이 활성화될 때 위로를 받고 싶은 대상이 나를 지지해주고 사랑하는 사람일 거예요. 성인인 경우라면 아마도 연인이나 배우자일 가능성이 높습니다. 그런데 위로를 기대했던 대상에게서 충분한 사랑을 느끼지 못하면 몇 배나 더 큰 상처를 입게 됩니다.

영화 속 아내도 남편이 자신의 마음을 충분히 헤아려주기를 바랐을 것입니다. 그렇지만 아무리 사랑하는 사람이라도 성난 말과 화를 끊임없이 받아주는 일은 굉장히 힘듭니다. 배우자 역시도 상대의 말에 상처를 받기 때문이지요. 누군가가 폭발하는 화산 속 마그마처럼 분노를 표출할 때 그것을 담아낼 수 있으려면, 분노 이면의 좌절감이나 슬픔 등을 파악할 수 있어야 합니다. 누군가 자신에게 화를 내면 자연스럽게 우리는 공격당했다고 느끼고 같이 화를 내거나 피하고 싶어 하지요. 너무나 당연한 본능적 반응입니다.

피하기 어려운 관계들

사회에서는 누군가 이유 없이 화를 내면 피하면 그만입니다. 만약 그 화로 인해 내가 심리적 혹은 신체적 상처를 입었다면 법적으로 해결할 방법도 있습니다. 그렇지만 가족끼리는 그런 방법을 사용하는 게 쉽지 않습니다(물론 서로 상처를 주고받아 이혼을 하거나 가족끼리 왕래를 끊고 사는 경우도 있지요). 가장 가까운 사람에게서 상처를 받으면 나에 대한 생각과 타인에 대한 기본 신뢰 값이 변하게 됩니다.

A씨는 어려서부터 부모님이 자주 다투어 늘 위축된 상태로 성장했습니다. 부부싸움이 끝나고 어머니를 위로하는 역할은 늘 A씨였습니다. 착한 딸 역할에 최선을 다했지만 부모님 모두 모두 각자의 삶을 감당하느라 A씨의 감정을 돌보지 못했습니다. A씨가 청소년이었을 때, 사소한 일이 계기가 되어 아버지에게 대들었습니다. 평소와 다른 A씨의 모습에 화가 난 아버지는 A씨를 그만 때리고 말았지요. 그 사건 이후 A씨 가족들은 소통이 단절되고 관계가 얼어붙었습니다. A씨는 고통스러운 그 순간을 떠올리면서 그날의 아버지의 분노했던 모습과 분위기가 너무 공포스러웠다고 말하며 나지막이 이렇게 덧붙입니다.

"아버지 때문이 아니에요. 저 때문이에요. 제가 못나서 그런 일이 생긴 거예요."

사람들은 가장 가까운 사람과의 갈등에서 문제가 일어나면 흔히 자신의 탓으로 돌립니다. 내가 사랑받을 만하지 못하다고 생각하는 것이지요. 이때 느끼는 감정은 무척이나 수치스럽고 비참합니다. 수치심과 비참함을 조금이라도 건들면 분노라는 감정이 올라옵니다. 분노하고 화를 내면서 수치심을 살짝 덮어 버리는 것이지요. 내가 상처받지 않으려면, 나도 상대에게 상처를 줄 만한 말과 행동을 아껴야 합니다.

내 마음을 할퀴는 말들

미국 워싱턴대학교 심리학과 명예교수이자 《우리가 사랑할 때 물어야 할 여덟 가지 질문》의 저자인 존 가트맨은 수많은 부부들의 대화를 비디오로 촬영해서 분석한 결과를 발표했습니다. 부부가 사용하는 말을 살펴보면 향후 이혼 가능성을 예측할 수 있다고 하는데요, 매우 흥미롭지요. 그런데 현장에서 부부나 가족들을 상담하다 보면 그 말이 굉장히 일리가 있구나 하는 것을 느낍니다. 누군가와 대화를 한다는 것은 일종의 습관입니다. 내가 늘 비슷하게 소통하고 대화하는 패턴이 있다는 것이지요. 그럼 다음을 한 번 살펴볼까요?

1. 단정적으로 하는 말 혹은 '일단'이라는 단어

위로를 기대하고 말을 걸었다가 상대에게 '일단 알겠어요!' '일단 그렇게 하지요!'라는 말을 듣고 상처를 받는 경우를 많이 봅니다. '일단'이라는 말은 곧 '시간이 없어 당신 말은 다 못 듣겠어. 혹은 이제 알겠으니까 그만 좀 하지!'라는 말을 내포하고 있습니다. 당신의 말을 이해한다, 알아들었다, 나도 충분히 알겠다, 라는 뉘앙스로 말할 때는 '일단'이라는 단서의 말을 잘 쓰지 않습니다.

가족 1 | "양말을 아무 데나 벗어두지 않았으면 좋겠어."

가족 2 답변 A | "그래? 일단 알겠어."

가족 2 답변 B | "아, 내가 그랬나? 앞으로 조심할게."

가족2의 답변은 모두 알겠다는 뜻을 내포하고 있습니다. 어떤 답변이 더 부드럽게 들리시나요?

2. 화가 난 상태에서는 비유적인 표현을 쓰지 않는다

굉장히 화가 나거나 분노한 상태에서 상대에게 무안을 주기 위해 혹은 습관적으로 비유적 표현을 쓰는 사람들이 있습니다. 상담실에서 만난 내담자가 그랬습니다. 그날은 유독 예약한 분들이 많았는데요, 예약 없이 방문한 M씨는 한 시간을 넘게 대기한 탓에 무척 화가 나 있었습니다. 상담실에 들어서자마자 대뜸 저에게 화를 냅니다. “아니 무슨 대하소설을 쓰십니까? 제가 얼마나 기다렸는지 알아요?” 분노한 사람을 많이 경험한 저조차도 그 순간은 M씨의 마음을 이해하고 머무르기에 상당한 어려움을 느꼈습니다. 차라리 “제가 오래 기다려서 오늘은 정말 화가 났습니다.”라고 말했다면 훨씬 이해가 수월했을 거예요. 이렇게 말하는 사람들은 화가 난 상태를 직접적으로 표현하지 않고 간접적인 수단을 활용해 전달하려고 합니다.

H는 청소년답게 가지고 싶은 것이 많습니다. 친구들 사이에 유행하는 게임기나 꽤나 고가의 점퍼 등 말이지요. 아이의 요구에 H의 아버지는 대답합니다. “우리 집이 재벌가쯤 되는 줄 아느냐? 내가 얼마나 힘들게 일하는지 몰라?” 아버지의 말을 해석하자면, ‘게임기나 점퍼를 사기 위해선 재벌가 정도의 재력이 있어야 하는데 우리 집은 재벌 수준의 재력이 없다, 결국 사줄 수 없다’는 뜻일 거예요. 덧붙여 ‘가족들을 위해 애쓰고 있으니 나에게 감사해야 한다’ 이런 의미도 내포하고 있습니다.

차라리 아버지가 H에게 "친구들이 많이 가지고 있나보구나? 정말 가지고 싶니? 그런데 지금은 너에게 그걸 사줄 수 있을 만한 여유가 없구나, 미안하다."라고 솔직히 말했다면 아이는 더 잘 이해했을 겁니다.

우리가 언어를 이해할 때는 보통 전체적인 맥락을 파악해야 합니다. H뿐 아니라 누구라도 "우리 집을 재벌가라고 생각하느냐?"라는 아버지의 말을 했다고 곧이곧대로 알아듣지는 않을 겁니다. 아버지는 우리집이 재벌가 정도 되어야 사줄 수 있다는 극단적 비유를 사용함으로써 상대에게 자연스레 수치심을 느끼게 하는 것이지요. 이런 대화법은 상대에게 심한 상처를 남기고, 둘 사이에 점점 멀어지는 거리감만 생기게 할 뿐입니다.

나와 상대를 보호하는 두 가지 방법

내가 상처받지 않으려면 나도 상대를 배려해야 합니다. 내 감정을 쏟아내고 상대가 받아주기를 바란다면 그런 관계는 오래 가지 않기 때문이지요. 상대의 말을 인정하고 반영해주세요. 아들이 아버지에게 고가의 물건을 무리하게 사 달라고 할 때 윽박지르며 화를 내거나 창피를 주기보다는 "정말 ○○를 사고 싶은 모양이구나. 그걸 진짜 가지고 싶나보네." 이런 식으로 말입니다. 대체로 부모님들은 머릿속에 그 물건을 사줄지 말지, 사줄 만한 여유가 있는지 없는지에 대한 답을 떠올립니다. 내가 상대의 욕구를 충족시킬 수 없을 때, 물건을 가지고 싶어 하는 아이의 마음을 인정하고 사실을 이야기하는 것은 무척이나 힘든 일일 수 있습니다. 그렇기에 화를 내는 것이지요. 강하게 나가면 상대가 위축되고 상처를 받을지언정 더 요구하지 못한다고 생각하기 때문에요.

이런 경우에는 '상대의 소망과 욕구를 우선 인정하기'와 '그 말을 반복하며 반영해주기'를 사용해보세요. 내가 상대의 소망과 욕구를 인정한다고 해서 그대로 따라야 하는 것은 아닙니다. 상대의 소망을 진심을 다해서 이해하고 인정한 뒤, 그렇지만 그렇게 해줄 수 없다는 것을 표현하는 것입니다. 상대의 감정을 인정한다고 해서 내가 지는 것이 아님을 명심하세요.

상대의 말 중 감정단어를 그대로 따라해보세요.

가족 1 | 왜 자꾸 나한테 잔소리해요?
내가 그러면 화가 나잖아요!

여기서 흔히 '잔소리를 했다'는 것에 집중해서 그건 잔소리가 아니었다, "내가 언제 잔소리했니?"라는 식으로 대화가 이어지기 쉽습니다. 여기서 나온 감정 단어는 화가 났다는 것입니다. 그것에 집중해보세요.

가족 2 | 아, 지금 너는 화가 나는구나.

덧붙여서 "네 표정을 보니 정말 화가 난다는 것을 나도 알겠어. 네 감정에 대해 내가 더 궁금해."라고 말해볼 수도 있습니다. 그렇지만 '화'나 '분노'라는 감정은 꽤 강한 감정이므로, 일단 상대의 화를 그대로 인정해주고 더 이상 말을 보태지 않고 잠시 각자의 시간을 가지는 것도 좋습니다.

감정을 그대로 따라하고 인정해주고 표현해보세요.

가족 1 | 당신이 나한텐 신경도 쓰지 않고 무심한거 같아.
너무 슬프고 허무해.

여기서 흔히 '무관심하다'라는 말에 집중해서 그렇지 않다고 변명하거나 화를 내면 서로 갈등이 생기기 쉽습니다. 대신 감정 단어인 슬프고 허무하다는 것에 집중해보세요.

가족 2 | 아… 최근에 당신은 슬프고 허무한 느낌을 받았구나.
표정을 보니 정말 슬퍼보였는데 그런 느낌이었어.

상대의 감정을 한 번 더 따라 말하며, 그 감정에 같이 머물게 되면 부정적인 감정이 누그러지는 효과가 있습니다.

주변 사람들과 때때로 거리 두기

상담실에서 천천히 내담자들의 감정을 살펴보는 작업을 하다 보면 종종 듣는 비슷한 스토리가 있습니다.

> "선생님, 저는 어려운 일이 생기면 직접 도움을 줄 수 있는 곳에 연락을 하거든요. 그런데, 제 주위에 어떤 사람을 보니 가족에게 전화를 먼저 하더라고요. 그게 좀 놀라웠어요."

얼핏 생각해보면 그 내담자의 말이 합리적입니다. 교통사고가 났을 때 문제를 빨리 해결하려면 경찰이나 보험회사를 불러야 하고, 가전제품이 고장 나면 AS센터에 접수하는 것이 가장 빠른 문제해결 방법입니다. 그런데 많은 사람들이 어려움이 닥치면 가족이나 친한 지인에게 전화를 합니다. 바로 마음의 위로를 얻기 위해서입니다. 당장 해결이 되지 않더라도 누군가에게 내 어려움을 전달하고 나면 왠지 마음이 놓입니다. 사실 위의 내담자들이 표현한 그 놀라운 마음을 가만히 같이 들여다봤더니 놀라움 아래는 부러움과 연결되고 싶은 소망이 숨겨져 있었지요. 우리는 모두 '잘' 연결되기 원합니다. 그래서 관계가 조율되지 못할 때 쉽게 상처받습니다.

노스캐롤라이나대학의 정신과 교수인 스티븐 포지스Stephen W. Porges는 포유류 이상에서는 새로운 미주신경이 출현했다고 했습니다. 그것을 배쪽 미주신경ventral vagus nerve이라고 부릅니다. 배쪽 미주신경이 활성화가 되면 우리는 누군가의 목소리를 잘 듣고, 바라보고, 위로를 주고받습니다. 그런데 스트레스가 심하거나 관계에서 상처를 많이 받은 경우, 이 배쪽 미주신경이 제 역할을 하지 못하게 됩니다. 그럴 때 사람들은 쉽게 긴장하고, 타인을 오해하기 쉬운 상태가 됩니다.

"선생님 이상하게 최근에는 친구들을 만나도 자꾸 상처를 받게 되요. 그러다보니 사람들 만나는 게 두려워져요"

"최근에는 사람들과 자꾸 부딪혀요. 왜 그런지 모르겠어요!"

주위 사람들로부터 부정적 감정을 받으면 우리는 본능적으로 짜증이나 분노감을 느끼게 됩니다. '왜 나만 이런 취급을 당하지?' '내게 그런 말을 하다니 도저히 참을 수 없어. 나를 무시하는 게 분명해. 정말 기분이 나빠!' 흔히 이런 반응을 심리학적 용어로 '투사投射, projection'라고 합니다. 쉬운 말로는 '남 탓하기'라고 하지요. 모든 상황적 요인을 외부로 돌리는 것인데요, 결과적으로 내가 잘못한 것은 아니라는 생각에 이르러서야 마음이 편해지는 겁니다. 그런데 이런 관계가 자꾸 반복이 되다보면 관계가 틀어지기 시작합니다. 그리고 매번 남 탓만 하는 사람들을 좋아하는 사람들도 없습니다. 결국은 '내가 못나서 그런 게 아닐까?' '내가 못난 사람이고 그래서 사람들이 쉽게 무시하는 걸 거야' 같은 생각에 이르게 됩니다.

사람들 사이의 관계에서 큰 상처를 받고 반복된 우울증과 알코올 중독으로 입원 치료를 받았던 L씨가 있었습니다. 며칠 동안 잠을 자지 못해 잔뜩 예민한 몸 상태에 낯선 곳에 입원해서 적응하느라 애를 쓸 때였지요. 많은 환자들을 돌보고 약물 관리를 해야 했던 간호사들이 회의하는 모습을 지나가면서 보게 된 L씨는 간호사들이 자신을 향해 '까다롭게 구는 사람'이라고 험담을 한다고 느꼈습니다. 실제로 간호사들은 심각한 표정으로 주요 약물리스트에 대해 회의를 하는 중이었는데 말이지요. L씨는 마음이 우울하고 세상 사람들 모두가 자신을 싫어한다고 느끼고 있었던 때라 주위 사람들의 불편한 표정이나 감정을 자신과 연관해서 해석을 한 것입니다. 수차례 사람들로부터 거절당하거나 따돌림을 당했던 경험이 있다면, 중립적인 자극을 '그럴 수도 있지' 혹은 '나와는 상관이 없는 걸 거야!'라고 생각하기 힘듭니다. 심리 실험에서는 여러 명이 주고받는 공놀이에서 딱 한사람만 의도적으로 배제하고 공을 주고받도록 했더니 소외된 사람이 굉장한 우울감을 느꼈다는 보고도 있습니다. 그냥 공 한 번 안 받는다고 큰일이 나는 건 아닌데도 우리 마음은 그렇게 느끼는 것이지요.

타인과 거리를 두어야 할 때

몇 년 전, 한 학회에 참석한 적이 있습니다. 점심시간에도 컨퍼런스를 들으면서 나눠주는 도시락을 먹는 자리였습니다. 긴 책상에 십여 명이나 앉아 있는 참가자들에게 책상 양끝에서 도시락을 나눠주었습니다. 책상의 딱 정중앙에 앉아 있던 저는 제 양쪽에서 전달되는 도시락이 옆 사람에서 끊기는 경험을 해야 했습니다. 운이 나빴던 것인데요, 그날따라 참석자가 많아 도시락은 동이 나 결국 점심을 먹지 못했습니다. 그 즈음 업무 스트레스가 많았던지라 학회 측에서 참가자 식사도 충분히 준비를 못한 것에 대한 분노와 함께 심한 짜증을 올라왔습니다. 물론 컨퍼런스 내용도 귀에 들어오지 않았고요.

그날 마음이 편하고 스트레스가 별로 없었거나 굉장히 허기지지 않았다면 컨퍼런스를 나와서 식사를 하거나 '저녁을 일찍 먹으면 되지 뭐' 하고 쉽게 넘겼을지 모릅니다. 그런데 피로가 누적되어 있었던 저는 '되는 게 하나도 없네'라는 자조적인 한숨을 계속 쉬었던 것이지요. 때로는 학회장에서 도시락이 모자라기도 하고 종종 심술궂은 사람들이 내 속을 긁어댈 수도 있습니다. 매번 정시에 도착하던 버스나 지하철이 그날따라 연착이 되거나 우산을 들고 나오지 않았는데 비가 쏟아지기도 하고요. 그런데 곰곰이 생각해보면 운이 없거나 나에게 힘들었던 모든 순간들을 우리는 기억하지 않습니다. 유독 컨디션이 나빴던 날이나 내 감정을 보호할 방어막이 약해져 있을 때 갑자기 치고 들어오는 관계의 상처들이 마음에 오래 남게 됩니다.

"선생님 아무도 안 만나면 너무 외로워질까 봐 자꾸 사람들을 억지로 만나는데 만날 때마다 상처를 계속 받아요."

이럴 때 저는 이렇게 조언을 해드립니다.

"때로는 혼자 있어도 괜찮습니다. 스스로 조용히 시간을 보내며 위로를 하는 것도 도움이 됩니다. 지금은 당신을 온전히 있는 그대로 인정해주고 응원을 해주는 안전한 사람들과만 연결을 해보세요. 당신의 감정을 보호할 방어막이 조금 더 단단해진다면 평소처럼 폭넓은 관계를 가져도 좋습니다. 다만 지금은 조금 거리를 두어야 할 시기입니다."

관계로 받은 상처는 좋은 관계를 통해 해결됩니다. 그런데 현재의 내 몸 상태가 안 좋다면 나만의 시간을 가지며 휴식을 취하는 것이 좋습니다. 그럴 때 내게 손을 내민 누군가의 제안을 거절한다고 해서 영영 만나지 못하는 것이 아닙니다. 누군가와 연결되고자 하는 마음과 타인의 사소한 말 한마디에도 상처를 받는 현재의 내 상태 중 어느 쪽이 더 무거운가를 가만히 저울질해보세요. 지금 현재 내 마음의 상처가 더 무겁게 느껴진다면, 지금은 타인들과의 거리를 확실히 두어야 할 때입니다.

글쓰기로 좋은 관계 쓸어 담기

의과대학을 다니던 시절이었습니다. 매일 엄청난 분량의 학습량으로 친구들과 저는 허덕이기 일쑤였습니다. 한 과목이라도 낙제를 하면 한 학기를 다시 다녀야 하기 때문에 시험마다 부담이 매우 컸습니다. 당시 과 신문 편집부에서 만든 흥미로운 설문이 눈길을 끌었습니다.

Q)

"나 이번 시험 망친 것 같아."라고 말했을 때 상대의 대답으로 가장 듣고 싶은 것은?

A)

1. 정말 안됐다. 다음에는 열심히 공부해봐!

2. 너도 그래? 나도 망쳤어….

2번이 압도적으로 많았습니다. 괴롭고 힘들 때 가장 위로가 되는 것은 '나만 그런 것이 아니구나'일 거예요. 나만 그런 게 아닐 때 나는 내가 원하는 다수의 집단에 속할 수 있고, 모두가 힘들어하는 상황이라면 내가 주체적으로 무언가 해볼 여지가 있을 터입니다. 나만 시험을 망친 것이 아니고, 모두가 점수를 못 받았다면 교수님들도 점수를 상향 조정하거나 기회를 더 줄 가능성이 높아질 테니까요.

스탠퍼드 의대 신경외과의사였던 폴 칼라티니는 그의 저서 《숨결이 바람 될 때》에서 '암이 재발했을 때 나는 주어에서 목적어가 되는 기분이었다'라고 했습니다. 그만큼 '아픈 사람'이 된다는 것은 병을 치료받아야 한다는 것을 넘어서 내 삶의 주체성이 흔들리는 일인 것입니다. 영어로 '환자'는 'patient'인데, 어원을 살펴보면 고통을 감내하는 사람, 즉 치료를 받는 '대상'이라는 의미가 함축되어 있습니다.

불안하거나 스스로의 존재가 작게 느껴질 때, 나를 괴롭히는 것은 '나만 그래'라는 괴로움입니다. 즉 내가 다수가 속한 무리에서 소외되었음을 느끼고, 주체적으로 할 수 있는 여지가 적어지고 누군가의 도움이 필요하다는 것으로 연결이 됩니다. 많은 사람들이 정신건강의학과 방문을 주저하는 두려움은 병원에 방문하는 순간, 내가 남들과 다른 '병이 있는 사람'이 될 것 같다는 마음이 크기 때문인데요, 모두 같은 맥락입니다.

무너진 마음을 다잡을 수 있는 아주 작은 방법

마음이 무너져서 누군가의 도움이 필요할 상태까지 가지 않기 위해 할 수 있는 것에는 무엇이 있을까요? 당장 손쉽게 할 수 있는 유용한 방법이라면 단연 '글쓰기'입니다. 저는 내담자들에게 마음이 괴롭고 힘들 때 당장 상담실을 찾기 힘들다면, 그 순간을 글로 남겨보라고 합니다. 생각해보세요. 학창시절 아무에게도 말할 수 없는 속마음을 일기에 담아냈잖아요. 친구와 교환일기를 쓰기도 했고요. 그런데 신기하게도 우리는 학창시절을 벗어나면 일기 쓰기 혹은 글쓰기를 굉장히 어색해합니다.

활활 타오르는 부정적인 감정의 소용돌이에서 벗어나기 힘들거나 감정이 격해졌을 때는 누군가와의 대화도 쉽지 않습니다. 또한 상대의 작은 실수나 잘못에도 예민해져 오히려 상처받기도 쉽고요. 괴롭고 불안한 감정들이 머릿속에서 뒤죽박죽 소용돌이 칠 때, 감정을 하나하나 꺼내서 글로 써보면 자신도 모르게 감정이 가라앉고 일련의 힘든 일들이 정리되는 것을 느끼게 됩니다. 내 일이지만 객관적 시각이 생기는 것이지요. 어떤 일을 묘사하고 그 순간의 감정에 집중하다 보면 현실과 과거, 미래를 보는 힘이 생기기도 하는데요, 모호하게 휘몰아치던 감정이 겹겹의 옷을 벗으면 '불안' '외로움' '수치심'이라는 실체를 알아볼 수 있게 됩니다.

우리의 뇌는 기억을 저장하는 장소가 기억의 '성격'에 따라 다른 것으로 최근 연구에서 밝혀졌습니다. 감정적인 부분들이 헐거워지면 그것은 '사실기억'이라는 형태로 뇌의 윗부분인 '마루엽'에 저장이 된다고 합니다. 나에게 있었던 일과 그와 관련된 감정들을 차분하게 글로 옮겨보면 '분노' '두려움'이라는 강한 감정들이 '외로움' '소망' '사랑에 대한 갈망' '인정욕구' 등으로 약화가 되서 '그래, 그때 나에게 이런 일들이 있었지!' 하고 견딜 만한 수준의 기억으로 안전하게 이동을 합니다. 이렇게 표현된 글들은 나뿐만 아니라 같은 어려움을 겪는 많은 사람들에게도 '나만 꼭 그런 것이 아니다'라는 심적 위로를 안겨주는 역할도 합니다.

관계는 유연하게
단단하게 맺어야 한다

'어떤 관계에도 휘둘리지 않는 마음 만들기'

누군가의 관계를 내가 감당해야 할 무게로 비유해보면 이해하기 쉽습니다. 우리는 무언가를 들어올릴 때 중력을 감당해야 합니다. 무거우면 휘청거리고 오래 들고 걷다보면 지치기 마련이지요. 걷기 싫고 들어올리기 버겁다고 마냥 누워 있을 수도 없고요. 그렇지만 꾸준히 연습하다 보면 근력이 생깁니다. 이처럼 관계도 연습을 통해 단단해질 수 있습니다. 아기가 태어나서 기고 앉고, 걷고, 뛸 수 있게 되려면 스스로의 몸을 잘 자각하고 발을 단단하게 딛는 연습을 수도 없이 해야 하는 것처럼 내가 연결되어 있는 누군가와의 관계도 내가 감당할 만한가, 나에게 버겁지 않은가, 혹은 감당할 수 있는데 내가 너무 멀리 하고 있는 것은 아닌가를 계속 생각해봐야 합니다.

예를 들어 역도 선수의 경우 역기를 들어 올릴 때, 무거운 역기를 가급적 몸에 밀착해서 들어 올린 후 일단 가슴 높이 즈음에서 한 번 쉽니다. 숨고르기도 하고 들어 올릴 수 있을지를 생각하며 힘을 모으는 것이지요. 판단이 서면 힘껏 들어올리는데, 너무 무겁다면 재빨리 안전하게 바닥에 내려놔야 합니다. 무리해서 계속 들고 있거나, 혹은 가슴까지 바짝 붙여서 끌어안지 않고 무겁다고 몸에서 멀리 밀어내면 어떻게 될까요? 역기의 무게에 체중이 휩쓸려서 쓰러지거나 발을 찧어서 다칠 수도 있습니다. 내가 스스로 감당할 수 없어 다친 경험을 하게 되면 그 두려움으로 역기를 들어 올릴 엄두가 안 나게 됩니다.

관계도 이와 비슷합니다. 우리는 본능적으로 부정적인 감정이 한 번이라도 들면, 나도 모르게 공격적이거나 회피 반응을 보입니다. 무거운 것을 들어 올려야 하는데 너무 싫어서 팔을 멀리 뻗어 들어 올리는 격이지요. 그렇게 되면 중력을 감당하기가 훨씬 힘들어서 더 무겁게 느껴지고 힘만 들뿐입니다. 다른 경우는 충분한 무게를 감당하고 가고 있는데 누군가 자꾸 내 어깨에 짐을 보태는 것이에요. 내려놓을 타이밍을 놓치면 짐에 짓눌려 갑자기 쓰러지거나 무게를 감당하고 건강을 해칠 수도 있습니다. 이 모든 비유의 핵심은 모든 과정을 내가 결정하고 컨트롤 할 수 있다는 느낌을 갖는 것입니다. 나를 위해서 관계라는 무게를 감당하기로 결정하는 것인데요, 어느 정도 무게까지 감당할 수 있을지는 꾸준한 연습을 통해서 습득해나가는 것입니다. 이런 비유적인 질문을 종종 저는 내담자들에게 하는데요, 힘든 관계 속에서 고통받고 있다면 스스로 이런 질문을 해보세요.

1. 역기를 들기 싫어서 그 무게에 휘청하고 있지 않나요?

그렇다면 조금 더 가까이 해보세요. 직장 동료이든 친구이든 가족이든 내가 그 무게를 한번 가늠해보겠다면 멀리 잡지 말고 가까이 잡아보세요. 화를 내거나 비난하지 말고 그들의 마음을 이해하려고 해보는 것입니다. 가까이 하기 싫어서 멀찌감치 거리를 두고 눈을 마주치지 않고 방어적으로 말하고 있지는 않나요? 확실히 거리를 확실하게 둘 거라면, 역기를 들어 올리지 않고 그대로 둬도 됩니다. 그런데 정확한 이유는 알 수 없지만 마음이 불편합니다. 우리가 고통스러운 이유는 그들과 완전히 단절할 수 있는 관계가 아니기 때문입니다. 모든 관계에는 여러 가지 이면이 존재합니다. 직장생활에서 겪는 관계는 무척 힘들지만 괜찮은 급여나 훌륭한 복지, 짧은 출퇴근 거리 등의 다른 조건 때문에 이직을 선뜻 결정하기가 어려운 경우도 많습니다.

그렇다면 '관계를 좀 쉽게 풀어봐야겠다' '내가 좀 단련을 해볼 수 있겠다'라고 결심해보세요. 가까이에서 그들을 이해하려고 노력할수록 역기를 가슴 가까이로 들어올리는 것처럼 들어올리기가 훨씬 수월하다는 사실을 명심하세요.

우리는 누군가를 대할 때 싫어하는 마음으로 다가가면 가시 돋친 말을 하거나 방어적으로 말하게 됩니다. 그런데 스스로는 그것을 알아차리지 못합니다. 그럴 때 나는 이 사람과의 관계를 어떻게 다루고 있는지 고민해보세요.

2. 들고 있는 역기의 무게가 너무 무겁게 느껴지나요?

때로는 감당하고 있는 관계의 무게가 너무 무겁고 벅찬데도 불구하고 오랫동안 견디고 있는 경우가 있습니다. 내려놓는 방법을 잊어버려서 혹은 어떻게 내려놓는지를 잘 몰라서일 수도 있겠지요. 여기서도 중요한 것은 내려놓을지 말지는 스스로 결정할 수 있다는 것입니다. 사람마다 감당할 수 있는 무게가 다르고, 내려놓을 지점을 선택하는 것도 나의 권리라는 것을 꼭 명심하세요. 지금 내려놓았다가 나중에 다시 시도하면 힘이 생겨서 더 많은 무게를 감당할 수도 있습니다. 때로는 나를 힘들게 하는 관계는 내려놓을 수 있다는 것, 적당한 무게를 내가 원하는 만큼만 감당할 수 있다는 것을 연습해보세요.

"명상은 스스로의 요구에 부응하는 것이다.
당신의 목표는 휴대전화와 컴퓨터를
필요할 때만 켜는 것이 되어야 한다"

-《명상 살인》, 카르스텐 두세 지음, 세계사(2021)

요즘 현대인의 관심인 명상과 전혀 어울리지 않는 살인의 접목이라니, 소재의 신선함으로 첫 장부터 눈을 뗄 수 없는 몰입도가 제법 높은 소설이었습니다. 그런데 저는 오히려 전반적인 소설의 내용보다 주인공을 둘러싼 관계와 그 심리에 더 관심이 가더군요.

주인공인 변호사는 업무가 너무 많아 가족들과 점차 소원해지는 중입니다. 가족들을 위해서라고 스스로 위안을 삼으며 조직폭력배를 변호하고 그가 하는 불법적인 사업들의 뒷일을 봐주며 큰 수익을 거두지만, 주인공의 삶은 점차 피폐해지고 아내와의 관계에도 균열이 생기기 시작했습니다. '그는 갈등으로 생채기가 난 상태를 부부라는 화분에 사랑을 분갈이 했지만 물을 주지 않아 시들었다' 라고 표현했는데요, 정말 적절한 표현입니다.

부부나 가족은 연인이 만나 불타는 사랑을 나누는 것과는 조금 다른 결을 가집니다. 관계의 틀이 더 광범위하다고 할까요? 사랑을 나누는 연인들 사이에서는 좋아하는 감정에만 집중하는 것이 보통입니다. 누군가를 사랑하고 상대에게 깊이 이해받는다는 것은 우리 뇌에 정말 큰 보상을 제공합니다. 그 순간은 연인이 너무나 완벽하고 사랑스러워 보이기 때문에 다른 단점은 눈에 들어오지 않습니다. 주인공은 현재의 아내와 변호사 사무실에서 만나게 되었고 각자의 결핍을 채워주며 서로에게 깊이 매료됩니다. 그렇지만 일상을 함께할 때부터 부부는 달콤한 사랑보다 더 큰 책임감, 경제적 문제, 건강, 육아, 양가의 가족들 문제를 더 가까이하게 됩니다.

연애 기간에는 별다른 문제없이 좋은 관계를 유지하던 사람들도 결혼해서 아이가 태어나고, 대출이나 양가 어른들 중 누군가 아프시거나 하는 문제가 생기면 경제적 압박감과 스트레스를 받게 됩니다. 부부간에 서로 위로하고 의지를 해야 하는데, 되레 애정을 갈구하거나 내 욕망을 상대에게 요구합니다. 주인공 비요른의 아내는 독박육아로 힘들었을 터입니다. 남편은 새벽에 나가 한밤중에 들어오며 집에 와서 하는 얘기들은 모두 조직 폭력배들의 범죄에 관한 이야기뿐입니다. 이제 겨우 걸음마를 시작한 아이와 일상을 공유하고 육아를 의논하는 것도 쉽지 않습니다. 그녀에게 남편은 돈을 내는 하숙생에 다를 바 없지요. 아내는 남편의 사랑과 관심이 필요했지만 그것을 부드럽게 말로 표현하길 어려워합니다.

누구든 외롭고 쓸쓸한 감정을 느끼면, 날것 그대로의 감정을 드러내길 수치스럽게 느낍니다. 그럴 때 많은 사람들은 화를 내는 방법을 택하는데요, "왜 이렇게 늦었어? 우리 관계는 이제 끝났어!"라는 식으로 말이지요. 정신분석가이자 《수치 어린 눈》의 저자 메리 에이어스는 '자기 파괴적 수치심'이라는 표현을 썼는데요, 사랑받지 못하고 있다는, 더 나아가 사랑받을 만하지 못하다는 생각은 깊은 외로움, 슬픔 등의 감정을 느끼게 합니다. 그런 여린 감정들이 꿈틀거리는 순간, 우리는 수치심을 느끼고, 이로 인해 스스로 상처받고 관계를 망치기 일쑤이지요.

외로움이나 슬픔 등의 여린 감정을 느끼지 않거나 수치스러운 감정에서 벗어나기 어려운 많은 사람들은 쉽게 화를 내고 대화를 거부하고 도망갑니다. 주인공인 비요른 역시 여느 남편과 마찬가지로 아내의 분노를 감당하기 어려워 일로 도망칩니다. 그래도 업무 공간에는 열심히 한 만큼 나오는 성과라는 보상이 있고, 적당한 거리를 유지하며 자신을 인정해주는 동료들이 있습니다. 사회적 지위가 높고 일에 대한 보수가 높은 경우에는 관계에서의 상처를 외면하기 위해 일중독에 빠지는 사례도 드물지 않습니다.

비요른은 아내의 권유로 명상을 시작하게 되는데요, 그러면서 일과 가정에서 전환점을 맞이합니다. 호흡에 집중하며, 막연한 미래나 과거에 얽매이지 않고 현재에 머물 수 있게 된 것이지요. 그러면서 가족들과의 시간에 끼어들어 방해하고 자신에게 과도한 요구를 하는 의뢰인인 범죄 조직의 리더를 살해하게 됩니다. 저는 이 장면이 누군가를 살해하는 섬뜩한 추리 소설 같은 느낌보다는 주인공이 행하는 명상의 과정으로 이해가 되기도 했습니다. 범죄 조직의 리더를 트렁크에 가두고 꺼내지 않습니다. 그 사이 명상을 하고 가족과 시간을 보내고 보니 그 사람은 죽어 있다는 단순한 플롯입니다.

어쩌면 이는 대단히 상징적인 요소로 해석하는 것도 가능할 듯합니다. 우리는 어느 순간 지나치게 압박을 받으면 사라지고 싶다는 충동을 느끼거나 소설에서처럼 나를 힘들게 하는 무엇인가를 트렁크에 가둬서 영원히 꺼내고 싶지 않은 마음을 느끼기도 합니다. 그 정도로 주인공의 마음이 막다른 골목에 다다른 상태로 볼 수 있겠지요. 많은 동화나 설화에서 주인공은 아름다운 공주를 구해내기 위해서 나쁜 괴물을 멋있게 물리치고(죽이고) 나아가게 되지요. 비요른도 괴물을 트렁크에 가두고 명상에 집중하며 아이와 물놀이를 하고 식사하며 현재를 즐기면서 관계를 서서히 회복합니다. 이를 상징으로 해석한다면, 소중한 관계를 유지하기 위해서는 사랑하는 사람 이외에 다른 문제들을 트렁크로 분리할 필요가 있겠지요.

우연히 들른 식당에서 온 가족이 메뉴를 주문하고 기다리는 장면을 본 기억이 납니다. 부모님과 자녀 두 명인 가족은 주문한 음식을 기다리며 모두 상대의 얼굴과 눈을 바라보는 대신에 고개를 푹 숙이고 휴대전화만 들여다보기 바빴습니다. 다 같이 모인 소중한 시간에 이 분들은 무슨 중요한 일을 하는 걸까 궁금해진 저는 슬쩍 그들의 휴대전화 화면을 곁눈질 했습니다. 그런데 아이들은 게임을 하거나 누군가와 메시지를 주고받느라 여념이 없고, 부모님들은 인터넷 뉴스를 보는 중이었습니다. 각자의 마음을 눈앞의 사랑하는 사람과 나누지 못하고, 나를 좌지우지 하는 의뢰인인 폭력배를 같은 차 안에 태우는 격이라고 할 수 있겠지요. 이 소설에서 작가는 사랑하는 사람과 진심으로 연결되기 위해서는, 매순간마다 오롯이 그 사람에게 집중해야 한다는 것을, 다급한 업무들을 잠시 여유라는 트렁크에 실어두라는 것을, 우리에게 알게 모르게 강조하고 있는지도 모릅니다.

4장

내가 나로 자유로울 수 있게

무기력한 나를 변화시키는 리추얼 활동

"산책도 하고 운동을 해야 한다는 걸 아는데 잘 안 돼요!"

"불쑥 불쑥 화가 나고 제 마음을 저도 잘 모르겠어요!"

"쉬는 날이면 온종일 누워만 있게 돼요!"

"스트레스를 맛있는 음식을 먹으면서 풀다보니 살이 찌고 자신이 없어져요!"

스트레스를 받으면 아무것도 하고 싶지 않지요. 만사가 귀찮아 누워 있거나 영양가 하나 없는 고도정제식품인 빵과 라면 같은 인스턴트 식품으로 대충 끼니를 떼웁니다. 매사 짜증이 나고 무기력해집니다. 불규칙한 생활 때문에 점차 무기력해지는 건지, 무기력해지니 아무것도 하기 싫어져 생활이 뒤죽박죽인 건지 분간할 수조차 없게 됩니다. 매일 상담실에서 비슷한 고민을 털어놓는 이분들도 '지금 이 상황은 좋지 않다'는 사실은 잘 알고 있지만 행동하지는 않습니다. 그렇지만 아는 것과 행동으로 옮기는 것은 전혀 다른 차원의 문제이기 때문입니다.

회사에서 잔뜩 스트레스를 받고 귀가했는데 집에서조차 휴식을 취하기 힘들고 가족들과의 관계로 머리가 복잡해지면 아무것도 해결할 수 없다는 감정에 압도되기 마련입니다. 그러면 우리의 자존감은 바닥을 치고 어디서부터 해결해나가야 할지 모르는 상태에 빠집니다. 마치 바다 한가운데에서 폭풍우를 만난 상황과 같을 거예요. 거센 폭우로 배가 흔들리면, 제일 먼저 비를 피하고 흔들리지 않게 몸을 고정해야 합니다. 목적지가 어디인지 항로가 어느 쪽인지를 고민하는 것은 우리를 더 혼란에 빠트리게 하니까요.

우리의 삶도 비슷합니다. 지금 내 상황이 너무 괴롭고 도무지 무엇부터 시작해야 할지 모를 때, 먼 미래의 목표를 고민하면 시작하기가 어렵습니다. 취업준비를 하면서 마음이 괴로울 때, 과연 내년 시험에 합격할 수 있을지, 합격하더라도 잘 적응할 수 있을지 등 여러 가지 생각을 하면 두려워지고 불안해집니다. 몸 안의 스트레스 호르몬들이 분수처럼 뿜어져 나와 스스로를 더 힘들게 만듭니다. 그러다보면 내면의 마음이나 생각을 더 알 수 없게 되고 막연한 짜증과 우울감, 불안이 몰려옵니다. 아무것도 하지 못해 꼼짝없이 누워서만 지내거나 주위 사람들에게 괜히 화를 내게 되지요. 아마도 이런 경험들이 모두 있을 겁니다.

이럴 때는 주위의 조언들이 도움이 되기는커녕 마음의 불씨를 지피는 잔소리로 들립니다. 누군가의 힘든 상황이나 마음을 그대로 받아들이고 이해하는 것은 굉장한 에너지를 필요로 합니다. 힘들어하고 슬퍼하는 사람의 표정을 보면 우리의 뇌는 상대의 마음을 그대로 느끼게 되기 때문인데요, 거울뉴런이라고 하는 세포가 그 기능을 합니다. 그럴 때 우리는 본능적으로 힘든 감정을 느끼려 하지 않습니다. 그 상황을 회피하고 싶고 빨리 상대가 힘든 감정에서 벗어나길 바랍니다. 그래서 순수하게 선한 의도에서 이런 말을 합니다. "힘을 좀 내봐. 파이팅!" "맛있는 거 먹고 기운 내자!" 그렇지만 이 정도의 가벼운 격려의 말로 힘을 낼 정도의 상태라면 스스로도 충분히 이겨냈을 터입니다. 방법은 누구나 알고 있습니다. "힘을 내야지. 파이팅하자." 그런데 행동이 되지 않습니다. 지인들은 몇 번 격려를 해봤지만 잘 통하지 않으면 이제는 제법 좀 강한 방법을 씁니다.

이를테면 이런 식이지요. "마음을 강하게 먹어야지 그렇게 약해빠져서 뭐가 되겠니?" "다른 사람들도 다 비슷하게 살아. 나는 더 힘들었어. 이건 아무것도 아니야." 그렇지만 이런 식의 말은 무기력하고 상처를 받은 사람들에게는 아무런 효과가 없습니다. '내가 지금 정말 힘든데, 더 힘든 사람이 있다는 게 무슨 상관이람. 그럼 내가 힘든 건 아무것도 아니란 거잖아. 결국 나를 이해 못해주는구나'라고 느낄 뿐이에요.

나의 좋은 습관을 반복하자

무기력한 마음이 나를 지배할 때는 사소하고 반복된 활동을 찾아봅니다. 사소한 활동들에 거창하고 큰 의미를 둘 필요는 없습니다. 요즘 인터넷 상에서 '나의 리추얼을 찾자'라는 문구들이 많이 보이는데요, '평소 나의 습관에서 좋은 것만 반복하자' 정도로 생각해보세요. 이러한 반복된 행동을 하면서 즐거움을 찾고 스스로 의미를 부여하는 것입니다. 큰 의미부여를 하고 깊게 고민한 후에 행동을 시작하려 하면 도통 엄두가 나지 않는데요, 쉽게 할 수 있는 간단한 활동은 아무 생각 없이 쉽게 시작할 수 있습니다. 예를 들어, 의욕이 없어 누워만 지내고 싶은 상태라면 매일 같은 시간에 운동장을 돌아보는 것이지요. 매일 비슷한 시간에 '운동장 세 바퀴 돌기'를 정했지만 처음에는 귀찮고 힘듭니다. '이렇게 해서 살이 빠지나? 기분에 도움이 되나?' 하는 생각들도 떠오르고요. 그렇지만 그럴 때 '이왕 내가 하기로 한 것이니까 일단 해보자'라고 마음을 먹어보세요.

누군가의 강요가 아닌 내가 가치 있다고 판단해서 선택한 활동들을 반복했을 때 기분 좋아지는 느낌을 받는다면, 그것이 나에게 큰 '보상'으로 돌아옵니다. 운동장을 도는 것이 너무 힘들다고요? 그렇다면 방 안에서 할 수 있는 운동도 좋습니다. 저도 비슷한 경험이 있습니다. 한때 병원에서의 업무나 여러 가지 스트레스로 퇴근 후면 꼼짝도 않고 누워 있고만 싶었지요. 그런데 누워만 있으니 왠지 더 무기력해지는 거예요. 그래서 하루 5분 스쿼트 운동과 전신 스트레칭을 시작했습니다. 5분 이내이니 크게 부담스럽지도 않고 운동하는 순간은 힘들었지만 할 만했습니다. '의욕을 가져야겠다, 살을 빼야겠다' 등의 거창한 목표 없이 시작한 작은 습관이 누적되자 기분전환에도 도움이 되고 허벅지 근육도 탄탄해지는 느낌을 받았습니다.

실제로 과도한 업무와 각종 스트레스로 몸도 마음도 힘들어서 어떤 의미 있는 활동을 했는데, 스스로 만족스럽고 기분 좋아지는 보상도 뒤따르고, 게다가 그 활동을 누군가와 함께하고 나에게 격려까지 해준다면 그보다 좋을 순 없습니다. 무기력해서 누워 있는 입원 환자를 산책하게 하려면 '운동의 필요성'을 의학적으로 설명하는 것이 아니라 같이 걷거나 응원해줘야 합니다. 제가 근무하는 병원에서는 환자분들이 잔디를 밟고 산책할 때, 치료자들이 같이 걷고 스스로 정한 운동량을 달성한 분들에게 작은 보상으로 음료 한 잔을 대접합니다.

처음에는 치료진의 격려에 마지못해 시작했다가도 얼마 지나지 않아 걷기의 즐거움을 스스로 깨닫고 열심히 운동하는 자신을 발견합니다. "오늘도 산책 나오셨네요!"라고 제가 반갑게 인사를 건네면, 입원 환자분들은 "네, 습관적으로 요즘 나와서 산책해요."라고 답하시지요.

최근 유행하는 다양한 리추얼 활동들은 내가 가치를 정하고 선택한 활동들을 반복하게 되면서 즐거움이라는 보상을 얻는 것인데요, 핵심은 누가 강요한 것이 아닌 내가 스스로 정하고 가치를 부여하는 데 있습니다. 삶의 축을 외부가 아닌 내 안에 두는 것은 정말 중요합니다. 하루에 10분이라도 그것이 무엇이든지 간에 나 스스로를 위한 시간을 가진다는 것은 그만큼 내 자존감을 충분하게 끌어올릴 수 있습니다.

결국 '내가 이렇게 스스로 잘 돌보고 있어!'라는 마음을 누군가와 공유하고 격려받을 수 있다면, 더욱 신나고 힘이 날 것입니다. 팬데믹이라는 상황에서는 리추얼을 함께하고 격려받을 수 있는 오프라인 공간을 찾기가 쉽지 않은데요, 이럴 때는 온라인에서의 비대면 커뮤니티 활동을 통해 나를 위한 작은 행동을 실천해보세요.

반려동물을 떠나보낸 마음을 추스르는 법

"길들인다'는 게 무슨 뜻이야?"

"그건 사람들이 소홀히 여기는 것인데, '관계를 맺는다'는 뜻이야."

"부탁이야. 날 길들여줘!"

"널 길들이려면 어떻게 해야 되는데?"

"참을성이 아주 많아야 하지."

- 《어린 왕자》, 앙투안 드 생텍쥐페리 지음, 마음시선(2021)

사람들은 누군가와 관계를 맺고 익숙해지기 위해서는 인내심이 있어야 한다는 사실을 잊곤 합니다. 꾸준하고 일관성 있는 관계를 유지하기 위해서는 나와 타인의 다름을 인정하고 받아들이며 때때로는 기다릴 수 있어야 하지요. 그런데 그 기다림이 우리에게는 정말 익숙하지 않습니다. 요구사항이 즉시 해결되지 않으면 분노를 표현하는 사람이 점차 늘고, 비대면 사회에서는 관계를 단절하는 일도 너무 쉬워졌습니다. 대화를 나누다 의견이 엇갈리거나 기분이 상하면 상대방을 차단하거나 가상공간을 그냥 나와버리면 그만이니까요.

그런데 반대로 내가 한 말에 가상공간의 참여자들이 아무 반응도 하지 않거나 그냥 나가버리면 큰 상처를 받습니다. 눈에 보이지 않는 상태에서 사람들은 정말 쉽게 타인과 상처를 주고받는데요, 관계를 손쉽게 단절할 수 있는 만큼 마음을 위로받고 연결되는 게 더 힘들어진 것이지요. '이해해요'라는 말보다 걱정스런 표정으로 그냥 옆에 머물러주는 것이 훨씬 위안을 주는 것처럼, 몸짓 같은 비언어적인 표정 등으로 더 많은 것을 전달할 수 있습니다. 그런 점에서 반려동물은 우리 곁에서 생생한 위로를 전한다고 할 수 있습니다. 반려동물은 내가 애정을 준 만큼 충실하게 따릅니다. 기분의 높낮이를 보이거나 좀 바빠서 소홀히 대했다고 삐치거나 화내지 않습니다.

내 곁에 머물면서 한결같이 반겨주고 따르는 그 모습은 어쩌면 한없는 인내심과도 같은데요, 정서적인 위로가 늘 목마른 현대인들에게 '나를 좀 길들여줘'라며 손을 내미는 거지요. 반려동물과 함께 걷고, 얼굴을 바라보고, 감정을 느끼고 소통하는 것이 가장 근본적인 우리의 관계 욕구를 채워줌과 동시에 사람들에게 받은 상처를 어루만질 수 있는 통로가 될 수 있습니다.

수년 간 키웠던 강아지를 떠나보내고 우울감이 더 심해진 내담자 P씨는 이렇게 말합니다.

> "부모님이 돌아가셨을 때보다 더 슬펐어요. 자식들도 다 결혼해서 얼굴을 자주 보기 힘든데, 강아지는 매일 내가 귀가하면 달려와서 꼬리를 흔들어주었지요. 정말 위로가 되었어요."

P씨의 말처럼 반려동물과의 관계는 사람들 사이와는 사뭇 다릅니다. 나와 자녀의 관계는 좀 더 길고 깊은 호흡을 필요로 합니다. 아낌없는 사랑을 주고 정성스레 돌본 자녀들은 성장해서 곁을 떠나고, 나는 늙고 점차 기력이 없어집니다. 마치 이어달리기 같다고 할까요. 나에게 에너지를 얻어서 쑥쑥 성장해가는 자녀들을 볼 때 무척 보람되고 뿌듯하지만, 이제는 내 도움

없이 힘차게 달려 나가는 모습을 바라보며 내가 늙어가고 보살핌을 받아야 한다는 사실을 받아들이는 것은 때때로 속이 쓰린 일입니다. 그런데 반려동물은 대체로 우리보다 생명 주기가 확연히 짧습니다. 이어달리기가 아닌 함께 달리는 것이지요. 그들의 온전한 일생 주기를 함께하고 돌보며, 태어나면서부터 이별까지를 지켜봅니다. 어떤 면에서는 인생의 축소판 같다고나 할까요? 얼마 전 16년 동안 키우던 반려견을 떠나보낸 부모님은 반려견이 무지개다리를 건너기 마지막 두어 달이 심적으로 매우 힘들었다고 합니다. 반려견이 너무나 힘들어했던 순간들을 지켜보며 마음이 너무 아파 다시 키울 엄두가 도저히 나지 않는다고 하시더군요.

저 역시도 비슷한 감정을 느꼈던 터라 그 심정이 충분히 이해가 되었습니다. 꼬물꼬물 손바닥 위에 올릴 수 있을 정도로 작고 귀여웠던 모습은 온데간데없이 사라지고 기운 없이 누워 있는 등 위로 뒤 덮힌 희끗희끗한 털이 돌아가신 할머니를 연상케 했기 때문이었습니다. 아마도 부모님은 당신들의 나이 들어가는 모습이 강아지에게 투영되어 더욱 힘들고 슬픈 마음을 느끼시는 듯했습니다. 그 대상이 사람이든 동물이든 누군가와 관계를 맺는다는 것은, 즐거움과 행복한 순간을 함께하는 것과 동시에 인내심을 가지고 늘 머물러주고, 아픔을 돌보는 일도 포함되어 있는지 모릅니다. 우리는 살아가면서 종종 그 부분을 놓치곤 하지요. 이별이 두려워 아무도 만나지 않는 것보다는 우리 삶의 본연의 모습을 받아들이고, 반려동물과의 관계를 통해 사람들 사이에서의 내 모습을 투영해보세요.

펫로스 증후군으로 힘이 들 때

반려동물과 이별한 사람들의 대부분은 펫로스 증후군으로 매우 힘들어합니다. 애착관계가 형성된 반려동물을 갑자기 잃게 되면 소중한 대상을 상실한 것과 비슷한 마음을 경험할 수 있는데요, 정신의학자인 엘리자베스 퀴블러로스는 상실의 과정을 '부정-분노-타협-우울-수용' 다섯 단계로 나누어 설명했습니다. 모두 이 다섯 단계를 겪거나 순서대로 나타나는 것은 아니지만 소중한 누군가를 잃었을 때 자연스럽게 화나고 속상한 마음이 들 수 있다는 것을 알아두면 극복하는 데 도움이 됩니다.

슬픈 감정을 충분히 표현하고 나누는 일은 마음을 극복하는 데 도움이 됩니다. 가족이 사망했을 때 장례를 치르고 슬픔을 함께 나누는 것은 큰 의미가 있습니다. 누군가에게 내 슬픔의 당연함이 인정받고 공식적으로 드러내서 위로를 받을 수 있는 것이지요. 반려동물을 잃었을 때도 마찬가지입니다. 누군가에게도 마음을 털어놓지 못하고 아무렇지 않은 척 꾹꾹 눌러 담아두는 건 안 좋습니다. 나중에 눌러두었던 마음이 갑자기 터져서 힘들어질 가능성이 매우 높습니다. 누군가에게 표현하기가 힘들다면 힘든 마음이나 감정을 일기나 편지로 표현해보세요. 인간이 슬픔을 느끼는 것은, 지극히 당연하다는 것을 꼭 명심하세요.

식물이 건네는 초록의 위로

환자들에게 더 좋은 치료 환경으로 만들기 위해 병원 리모델링을 했습니다. 이 과정에서 환자와 치료진들은 익숙했던 병동을 옮겨서 지내야 했고 그로 인해 일대 혼란이 있었습니다. 마치 시골생활을 고수하려는 노인에게 깨끗하고 좋은 환경이랍시고 갑작스럽게 도시로 이주를 권유하는 것과 비슷했지요. 사람은 누구나 익숙한 공간에서 지내기를 소망합니다. 그 이유는 익숙한 이웃이 있고 내 손에 익은 가구들로 둘러싸인 공간에서는 익숙함과 편안함이라는 감정을 느낄 수 있기 때문입니다. 그에 반에 우리는 낯선 장소에서 상당한 스트레스를 받습니다. 하루는 환자들이 모두 이사를 가고 텅 빈 병동을 둘러보았는데요,

겨울인데 난방조차 차단되어 그야말로 쓸쓸하고 을씨년스러운 분위기를 자아내고 있었습니다.

그런데 병동 홀 한 구석에 놓여 있는 대형 화분 두 그루가 눈에 들어오더군요. 잎사귀가 거의 다 떨어지고 말라가고 있었습니다. 이 나무들은 이사 가기 전 병동 환자들과 치료진들이 정성껏 돌보던 나무였는데요, 불과 수개월 전만해도 풍성한 잎으로 존재감을 뿜어냈었지요. 이 나무들은 환자들과 치료진들의 마음을 상징적으로 나타내는 것일지도 모릅니다. 트라우마 연구의 권위자인 UCLA 의과대학 교수인 대니얼 J. 시겔은 인내의 창이라는 개념으로 우리가 스트레스를 이겨내는 정도를 상징적으로 표현했습니다. 또한《최악을 극복하는 법widen the window》이란 책에서는 인내의 창을 넓혀 스트레스를 이겨내는 방법을 소개하고 있습니다. 우리가 마음을 움직이게 하려고 하는 노력들이나 상담사들이 도와주는 방법들이 궁극적으로는 인내의 창 넓히기라고 할 수 있습니다. 마음속 여유가 줄어들면 스스로를 돌보는 것도 소홀해질 뿐만 아니라 주위를 돌아보고 살피는 것도 엄두가 안 나기 마련입니다.

정신없이 이사를 가는 와중에 방치된 나무 두 그루는 치료진들과 환자들 마음속 인내의 창이 좁아진 것을 상징적으로 반영하는 것인지 모릅니다. 힘들면 무엇인가 돌보는 것도 소홀해집니다. '다 같이 즐기는 화분인데 내가 왜 물을 줘야 하지?' '환자들 돌보는 게 얼마나 힘든데 화분까지 관리해야 해?' 스트레스의 정도에 따라 화분은 내 마음을 위로하고 즐거움을 주는 대상에서 내가 감당해야 하는 '일'로 탈바꿈 되는 것입니다. 그렇다면 이런 의문을 가질 수 있습니다. '사람들은 왜 식물을 돌보는가?' '마음의 여유가 있는 사람들만이 가능한 것인가?'라고요. 아툴 가완디Atul Gawande는 《어떻게 죽을 것인가》에서 무기력한 요양원 환자들에게 새와 강아지 식물들을 돌보게 했더니 환자들이 활력을 되찾았다고 소개했습니다.

식물을 키울 때 얻는 힘

제가 내담자들에게 "스스로를 위로하는 연습을 해보세요."라고 말을 하면, 대부분이 "내 마음을 어떻게 위로해야 하는지 모르겠어요."라고 합니다. 어쩌면 사회적 동물인 사람들은 스스로를 위로하는 게 가장 힘든 일인지도 모르겠습니다. 그럴 때 쉽게 위로를 주고받을 수 있는 것이 바로 식물 키우기입니다. 식물은 천천히 성장하고 관심을 기울인 만큼 성장합니다. 푸릇한 색감과 부슬부슬한 흙, 은은한 풀내음은 덤이겠지요. 우리는 왜 무언가에 정성을 쏟고 가꿀 때 마음이 정화되는 것을 느길까요? 주도적으로 살아간다는 느낌이 삶의 큰 원동력이 되기 때문입니다. 내 힘으로 무언가를 돌보고 결과를 얻을 수 있다는 것은 매우 강한 힘을 가지고 있으니까요. 또한 식물은 우리의 정성을 잘 배반하지 않습니다. 꼭 사랑을 준만큼 성장해서 보답을 하거든요.

저 역시도 비슷한 경험이 있습니다. 삶의 무게를 어디에 둬야 할지 몰라 한숨만 쉬고 있는데, 상담실 한 곳에 있던 연한 초록빛의 벤자민 고무나무가 시들해진 모습이 눈에 들어왔습니다. 마치 지친 제 마음처럼 말이에요. 웬만하면 잘 큰다는 선인장도 말려 죽여본 전력이 있기에 한창 식물을 공부하고 정성을 쏟고 있던 터였습니다. 시들한 잎을 본 순간 '통풍이 잘되는 곳에서 키우라'는 화원 사장님의 말이 떠올랐지요. 저는 바람이 잘 통하고 해가 잘 들어오는 병원 로비 카페 창가 자리로 화분을 옮겼습니다.

당시 병원 로비나 창가에는 화분이 하나도 없었습니다. 여러 차례 직원들과 이 부분을 의논하였지만 '과거에 화분을 들였는데, 곧 말라죽었다, 업무도 바쁜데 정기적으로 돌볼 사람이 없다'는 이유로 식물은 로비에 발을 붙이지 못했습니다. 저는 화분을 내어두면서 '절대 죽이지 않겠다'는 의지를 다졌습니다. 카페에 들러 매일 커피를 테이크아웃하면서 잎사귀를 만지고 흙을 가만히 쓸어보며 물 주는 시기를 점검했는데요, 놀랍게도 늘 촉촉하게 흙이 젖어 있는 게 아니겠어요? 누군가 물을 주고 있었던 거예요. 그러고 보니 최근에 화분이 너무 예쁘다며 관심을 가지고, 나무 이름을 묻기도 하고, 마음이 절로 힐링이 된다고 표현하던 직원들이 여럿 있었습니다. 물을 준 이가 그 사람들 중 한 명일까요? 아직까지 알지 못합니다.

상담실에서 자라는 화분들은 정성을 쏟아 돌봐주는 것과 비례해서 새순을 많이 내어줍니다. 식물이 새순을 내고 자라는 동안 우리는 몸과 마음도 정화됨을 느끼게 되지요. 코로나 팬데믹이 시작된 이후 지금까지 저는 여러 개의 화분을 추가로 들여 가꾸고, 정기적으로 꽃을 구매하고 있습니다. 물올림을 하기 위해 줄기를 자른 후 시원한 물을 채운 화병에 꽃을 꽂아주는 순간과 매일 잎사귀들을 매만지는 과정은 마치 명상을 하는 것과 비슷합니다. 속도나 결과에 집착하지 않고 그 순간에 몰입하는 즐거움을 느낄 수 있지요. 푸른 자연과 식물들이 인간을 위협했던 적은 역사상 없었습니다. 오히려 가뭄이나 홍수로 인해 식물이 메마른 땅은 인류에게 위협이었지요. 그래서 본능적으로 우리는 가로수가 울창한 길을 걸을 때는 마음이 편안해지고, 나무 한그루 없이 콘크리트 건물로 이어진 도심을 걸을 때는 왠지 모르게 피로를 느끼는지도 모르겠습니다. 그만큼 우리의 유전자에는 흙과 식물이 안겨주는 편안함이 이미 새겨져 있는 셈이겠지요.

내담자들이 마스크를 쓰고 몸과 마음이 잔뜩 긴장된 채로 상담실에 들어와 앉아 저를 바라보면, 그 시선이 머무는 곳에 화분 몇 개와 화사한 생화가 놓여 있습니다. 지금은 상담자인 저와 말을 주고받기도 전에 이미 공간에서 위안을 받는다고 말하는 분들이 늘었습니다.

> "선생님 최근에 괜히 조바심이 나고 사람을 대하기가 많이 힘들었는데, 식물을 바라보며 머무는 이 순간에 왠지 위로받는 느낌이 들어요."

치료자인 저와 내담자들의 애정과 관심을 받은 나무는 잎사귀가 두 배 이상 풍성해졌습니다. 하루하루 지날 때는 비슷해보였던 잎사귀들이 1, 2년 사이 두 배로 늘어난 것처럼 이 공간을 다녀가는 사람들의 인내의 창도 늘어났으리라 기대해봅니다.

마음이 아프면 몸도 아프다

"선생님! 또 눈이…"

상담이 많거나 지나치게 신경을 쓰는 일이 있으면 여지없이 제 눈에 실핏줄이 터집니다. 최근 1년간은 잘 넘긴다 싶었는데 일주일 사이 두 번이나 출혈이 생기니 마음이 긴장되고 다시 집중해야 할 때인가 싶었습니다. 대인관계에서 제법 스트레스를 받거나 힘들면 몸이 아프기도 하는데요, 아마 이런 경험이 있을 겁니다. 때로는 두통에 시달리기도 하고, 소화가 안 되거나 배탈이 나기도 합니다. 내과에 가서 검사를 해봐도 큰 이상은 없고 흔히 '신경성'이라는 말을 많이 듣게 되는데, 이것을 정신의학적으로는 '신체화 장애'라고 부릅니다. 제 주위도 이런 분들이 제법 흔합니다. 병원에 가면 스트레스 받지 말고 쉬라고 하는데 그게 잘 안 된다고 합니다. 얼마 전 다녀간 분도 "내과 선생님이 신경성이라고 하시더라고요. 스트레스 받지 말고 푹 쉬라고 하시는데 그게 어디 말처럼 쉬워야지요!"라고 겸연쩍게 웃습니다.

실제 이 증상으로 고통을 받으시는 분들은 상당한 통증과 불편함이 있기 때문에 절대 꾀병으로 여겨서는 안 됩니다. 뚜렷한 눈에 보이는 병변이 없다고 하더라도 기능상의 문제가 분명히 있기 때문에 불편함을 느낍니다. 주로 증상은 자율신경계의 영향을 받는 내장 장기에 나타나는 것이 흔합니다. 우리나라의 한 조사에 의하면 내과에서 입원치료 받는 환자들의 약 71퍼센트가 신체화 장애 즉, 스트레스로 인해서 발생하거나 스트레스 때문에 원래 있었던 질병이 악화된 경우라고 하니 정말 많은 셈이지요. 이런 증상이 생기는 원인은 크게는 스트레스, 유전적인 요인, 심리적 갈등 등을 꼽을 수 있습니다. 생물학적인 요인은 대체로 외부 스트레스로 생각해볼 수 있는데, 과도한 카페인, 나트륨, 니코틴과 연관이 있고, 소음, 공해, 기후 등을 고려할 수 있습니다. 불규칙한 생체 리듬도 영향을 끼칩니다. 극단적인 예를 들자면, 심한 소음과 미세먼지가 있는 곳에서 자주 담배를 태우고 커피를 들이키며 패스트푸드만 먹고 밤낮이 바뀐 상태로 계속 일하는 상태를 들 수 있겠지요.

우리 몸은 스트레스를 계속 받으면 자율신경계가 지나치게 각성되고, 스트레스 호르몬이 과도하게 분비되어 오히려 생체리듬이 깨지게 됩니다. 또한 면역력도 저하되어 감기나 감염성 질병에 걸리기도 쉬워지고요. 스트레스를 쉽게 받는 성격 유형도 있는데, A형 성격을 가지고 있는 경우라고 알려져 있습니다. 여기서 말하는 성격 유형은 미국의 심장 전문의 프리드만 Freidman 등이 연구한 것으로, 심혈관계 질환을 앓기 쉬운 유형을 A유형, 반대로 느긋한 성격을 B유형으로 나누었습니다. A형 성격은 조급하고 야심이 많고 공격적이면서 경쟁적인 성향이 강해 매사에 꼼꼼하고 성취를 중요시합니다. 그래서 지속적으로 몸이 긴장된 상태가 유지되기 때문에 관상동맥질환인 협심증이나 심근경색의 위험이 높은 것으로 알려져 있습니다. 또 불안한 성격을 지닌 사람들은 만성 스트레스에 시달리기도 합니다.

"기분은 잘 모르겠어요! 우울한 것 같지도 않고 그렇다고 좋지도 않아요!"

신체화 장애를 가진 분들, 즉 스트레스 상황에서 몸이 자주 아픈 사람들은 불안이나 우울증으로 나타나는 사람들에 비해서 자신이 스트레스를 받고 있다는 것을 잘 인식하지 못합니다. 자신도 모르는 사이에 스트레스가 신체적인 질병을 일으킨다고 볼 수도 있겠지요. 특히 몸이 여기저기 아프고 힘들다고 해서 찾아오신 분들에게 지금의 기분이나 감정을 물어보면 의외로 '잘 모르겠다'라고 대답하거나 감정을 생각해보거나 느껴보지 않았다라고 말하시는 분들이 많습니다.

스트레스가 불러오는 것들

신체화 증상은 슬프다, 기쁘다, 화가 난다 같은 표현을 잘 할 수 없는 분위기거나 그런 성향을 가진 이들에게는 몸이 보내는 신호일 수도 있습니다. 자신의 감정을 의식하거나 말로 잘 표현하지 못하는 것을 '감정표현불능증'이라고 부르기도 합니다. 사회생활을 할 때 우리는 생활의 변화에 적응을 해야 합니다. 그런데 개인의 능력에 비해서 업무 강도가 높거나 과도한 책임감이 주어지거나 주위의 기대가 너무 높으면 스트레스를 받습니다. 직장생활이 힘들고 스트레스가 심하면 자주 지각하거나 배탈이 나는 경우가 있는데, 그만큼 내 몸이 적응하지 못하고 힘들어한다고 생각해야 합니다. 누군가 자주 지각하고 위장장애 등으로 힘들어하고 있다면 불성실하고 꾀병을 부린다고 비난할 것이 아니라 현재의 환경에 적응하지 못하고 있음으로 이해하고 도와주면 어떨까요. 학생들도 마찬가지인데요, 시험공부로 지나치게 무리를 하거나 성적이 잘 나와야 한다는 압박감에 시달리면 몸이 아프기도 합니다. 이 경우도 과도한 스트레스로 인한 신체화 증상이라고 볼 수 있습니다.

신체화 증상은 소화기계 장애가 제일 많습니다. 입맛이 떨어지고 메스꺼움을 느끼거나 토하기도 하고 소화가 안 되고 가스가 찹니다. 설사와 변비가 반복이 되고, 위궤양과 십이지장궤약도 흔합니다. 스트레스를 받으면 위액 분비가 늘어나기 때문에 어쩌면 당연합니다. 성격적으로는 의존적이거나 충동적인 행동을 하는 경향이 많은 사람들에게서도 흔하게 나타난다고 알려져 있습니다. 또는 궤양성 대장염도 나타날 수 있습니다. 이처럼 소화기계 장애가 많은 이유는 뇌와 장의 신경이 밀접하게 연결되어 있기 때문입니다. 신경학자인 안토니오 다마지오Antonio Damasio는 《느낌의 진화》에서 장을 '제2의 뇌'라고 부르기도 했습니다.

우리 몸의 면역 체계도 스트레스 상태나 생체리듬에 굉장히 많은 영향을 받습니다. 그래서 면역력이 떨어져 생기는 질환이

나 생체 호르몬 분비에 문제가 생겨 나타나는 증상, 알레르기 반응을 일으키는 여러 증상들이 나타날 수 있습니다. 기관지 천식, 갑상선 질환, 당뇨병, 여성들의 경우 월경 불순 등의 증상들도 생기고요. 지속적으로 스트레스를 받다보면 여성들은 생리 주기가 빨라지거나 혹은 늦어지거나 갑작스럽게 무無월경을 경험할 수 있습니다.

그 외에도 피부에 문제가 생기는 경우도 흔한데, 피부에는 수많은 감각기관이 분포하고 있기 때문에 감정 상태의 거울이 된다고 말하기도 합니다. 스트레스가 심한 상태에서 정신건강의학과를 찾으시는 분들 중에 몸이 가렵거나 두드러기가 나는 분들도 계시고, 최근에 마스크를 쓰고 있으니까 얼굴에 피부 트러블이 생긴다는 분들도 꽤 많습니다. 물론 피부과 치료를 같이 받아야겠지만 최근의 스트레스 등과도 같이 연관을 해서 생각해볼 수 있습니다.

스트레스가 원인이라는 것을 알아도 스트레스를 완전히 없애거나 피하기는 쉽지 않습니다. 그래서 몸과 마음이 힘들지 않도록 스트레스를 조절하는 연습이 필요합니다. 예를 들면 정신과 약물을 사용해서 기본적인 몸의 긴장을 좀 줄여줄 수 있고, 모호한 신체적 통증이나 스트레스 반응을 좀 줄이는 데 약물이 도움이 되기도 합니다. 이완 요법이나 운동, 산책하기 등의 신체 활동도 좋습니다. 사회적 방법으로 사람들과 많이 만나고 대화를 나누는 것, 종교적 활동으로 기도를 하거나 명상을 하는 것도 추천합니다.

심한 스트레스를 받을 때 보이는 반응이 또 하나 있는데요, 이것 역시 몸이 보내는 강력한 신호입니다. 몸의 반응을 살펴보기는커녕 몸에서 뇌로 보내는 신호조차도 무시하는 것이지요. 내 몸이 어떻게 반응하는가를 살펴보기 이전에 몸이 보내는 알람 반응에 무조건 화나 짜증을 내면서 해소하는 사람들이 많습니다. 우리가 배출하는 화나 분노는 거의 대부분 우리보다 약한 사람들에게 직격탄이 됩니다. 분노라는 칼자루를 거꾸로 잡는 것과도 비슷해서 스스로에게도 좋지 않습니다. 우리가 몸의 반응을 가만히 살펴볼 때야 비로소 속도 위반 경고 알람을 들을 수 있습니다.

스트레스를 이겨내기 위해서

심한 스트레스로 괴로울 때는 어떻게 해야 할까요? 잔뜩 얼어붙은 몸을 이완해야 합니다. 천천히 길게 호흡을 내쉬고 따뜻한 물에 몸을 푹 담그고 긴장된 몸을 녹여보세요. 어떤가요? 조금은 괜찮아졌나요? 이제 몸의 반응을 살펴보는 연습을 해봅니다.

1. 우선 천천히 호흡에 집중해봅니다

길게 내쉬는 호흡을 통해 안정에 도움을 주는 미주신경이 활성화됩니다. 천천히 들이쉰 다음, 들이쉰 시간보다 더 길게 최대한 천천히 숨을 내쉬어봅니다. 박자가 느린 노래를 불러보는 것도 좋습니다. 발성을 하는 동안 자연스레 천천히 숨을 내쉬는 효과가 생기기 때문입니다.

2. 머리끝부터 발끝까지 몸의 감각에 집중해봅니다

처음에는 쉽지 않습니다. 상담시간에 몸의 감각에 집중해보라고 하면 아무것도 느껴지지 않는다는 분들도 계십니다. 익숙하지 않으면 처음에는 몸의 감각을 알아차리기가 쉽지 않지요. 운전을 처음 배웠을 때는 눈앞의 도로에만 집중하느라 계기판의 속도계나 단속 카메라가 눈에 들어오지 않는 것과도 같은 이치입니다.

3. 불편한 몸의 감각을 찾았다면 그 부위에 집중을 해봅니다

가슴이 답답하다면 1번에서 알려드린 호흡을 해봅니다. 숨을 천천히 들이쉬고 내쉬기를 반복합니다. 두통이 심하다면 마찬가지로 호흡법을 사용하면서 이마나 두피의 근육을 이완하는 상상을 해보세요. 스트레스를 받으면 우리는 무의식적으로 미간을 찌푸리거나 목과 어깨 근육을 긴장시키는 경우가 많은데 이로 인해 두통이 유발되기도 하니까요. 명치가 막힌 느낌은 내장이 스트레스 호르몬의 영향을 받은 결과입니다. 호흡을 천천히 하면서 어깨와 배의 긴장을 푸는 행동을 반복해보세요.

스트레스에 적절하게 적응하고 극복하는 힘을 회복탄력성이라는 말로 표현하기도 하는데, 무조건 부정적 감정을 경험하지 말라는 것은 아닙니다. 힘들고 스트레스가 있더라도 그것을 적절하게 경험하고 극복하는 과정을 말하는 건데요, 이 과정에서는 각자가 할 수 있는 정도의 방법으로 서서히 적응하는 것이 필요합니다. 몸이 아프고 꼼짝도 할 수 없다고 하는 사람에게 갑자기 헬스장에 등록하고 노래 교실에 다니며 스트레스를 풀어보자고 하면 놀라서 도망가버릴지도 모릅니다.

누군가 스트레스를 받고 힘들어하는 가족이나 동료가 있다면 우선은 같이 가벼운 산책을 하거나 대화를 통해 마음을 표현해보세요. 쉬운 단계부터 서서히 시작해보세요. 주위를 아무리 둘러봐도 마음 편하게 말을 할 상대가 없다면 전문가를 찾아 상담해보는 것도 좋은 방법입니다.

죽을 것 같은 불안이 엄습해오는 공황장애

"최근 들어서 모든 게 뒤죽박죽인 느낌입니다. 평소처럼 살아왔는데 뭐가 문제인지 모르겠어요! 최근에는 숨이 막힐 것 같고 호흡이 멎는 줄 알았어요!"

"몇 년간 무리를 했나 싶었는데 살도 찌고 최근에는 고혈압약도 먹기 시작했어요!"

"가슴이 방망이질 하듯이 뛰고 정말 죽을 것 같았는데 심장에는 이상이 없다고 해요!"

이와 비슷한 이유로 상담실을 다녀가시는 분들이 정말 많습니다. 우리가 한번쯤은 들어봤음직한 '공황장애'인데요, 갑자기 심장이 두근거리고 몸이 떨리고, 숨이 막힐 것 같으면서 어지럽고 졸도할 거 같은 느낌이 반복적으로 들면 공황장애 진단을 내립니다.

죽을 것 같은 공포심으로 각종 검사를 했는데, 정신건강의학과 상담을 권유받고 오신 분들은 모두 당황해하십니다. '내 몸이 이렇게 힘든데 심장에 이상이 없다고?' '몸이 아픈 게 아니라고?' 우선은 큰 병이 아니라는 데 안도를 하면서도 이렇게나 힘든데 원인을 찾을 수 없고 그저 마음의 문제라는 말이 쉽게 납득되지 않습니다. 요즘은 편견이 많이 사라졌다고들 하지만 정신건강의학과는 여전히 문턱이 높습니다. '진단'을 받지 않으면 아직은 내가 '정상'이니까 참을 수 있을 때까지 참다가 마치 장마에 눅진해진 공기처럼 몸과 마음이 지친 상태로 상담실을 찾습니다. 우리가 들은 말 중 반은 맞고 반은 틀린데요, 심장이나 다른 장기에 이상이 없다는 말은 심근경색 등의 질환이 아니라는 뜻일 뿐 우리 마음이 몸과 분리되었다는 뜻은 아닙니다.

긴장을 조금씩 줄여가야만

우리가 지속적으로 스트레스를 받으면, 의식적으로 혹은 무의식적으로 신경을 쓰고 예민하게 반응하는 것들이 나도 모르는 사이 뇌에서는 '지금 전투 상황이야'라고 명령을 내립니다.

일사분란하게 명령을 받은 장기들은 계속 전투상황에 대비를 하게 되는데요, 마치 전장에서 지휘부로 보고를 하듯이 우리의 심장과 내장기관들도 미주신경을 통해서 뇌로 피드백을 보냅니다. 이렇게 스트레스를 받은 몸과 마음은 서로 신호를 주고받으며 점차 소용돌이 속으로 빠져 들어갑니다. 너무 자주 전투 명령을 받은 현장에서는 때때로 잘못 이해해서 간혹 원하지 않았던 전투에 투입되기도 하지요. 이럴 때가 바로 공황발작 상황입니다. 터널 속에 들어갔을 때, 고속도로로 진입했을 때, 지하철을 탔을 때 종종 갑작스런 몸속의 전투상황이 나타나기도 합니다.

공황장애로 오신 분들에게 "최근에 스트레스를 많이 받으셨나요?"라고 여쭤보면 의외로 이렇게 대답하시는 분들이 꽤 많습니다. "잘 모르겠어요. 크게 스트레스는 없는 거 같은데… 다들 이렇게 살잖아요. 그냥 이전부터 열심히 살았을 뿐인데…." 마음과 몸의 신호를 무시하고 꾹꾹 누르며 사는 게 일상이 되다 보니 몸과 마음을 돌보지 못한 채 오랜 기간 지내 오셨던 것이지요.

우리 몸은 긴장하고 쉼을 반복하면서 균형을 유지합니다. 그런데 계속 긴장한 채로 일상을 보내면 어떻게 될까요? 어느 순간 팽팽한 줄이 탁 하고 끊어지겠지요. 반복되는 심한 공황발작이 있다면 전문가의 도움을 받는 게 좋습니다. 그 정도로 심하지 않고 스스로 내 몸과 마음을 한번 돌보고 싶은 정도라면, 우선은 내 몸의 상태를 점검해보세요. 앞서 심장과 내장 기관들이 미주지역을 통해 뇌로 피드백을 보낸다고 말씀을 드렸는데요, '자! 이제 안정을 해야겠다, 내 몸들아 안정을 해라!' 이런 다짐보다는 실제 내 몸을 이완하는 연습들이 훨씬 효과적입니다. 천천히 숨을 들이마시고 들이마신 시간보다 더 길게 내쉬는 호흡을 하게 되면 미주신경이 대뇌에게 '나 지금 편안해지고 있어'라는 신호를 보냅니다. 그러면 자연스레 우리 마음이 같이 편안해집니다. 그러면 '전투상황'이라는 신호를 덜 내려보내겠지요. 당장 오늘부터 아침, 저녁으로 천천히 호흡을 하면서 나에게 '안전하다는 신호'를 직접 보내보면 어떨까요?

삶의 작은 행복이 고통이 되지 않게

현대인들이 사회생활을 하면서 겪는 신경성 식욕부진증, 신경성 폭식증, 폭식장애 등을 모두 섭식장애라고 합니다. 모두 체중을 조절하기 위해 먹지 않는다거나 폭식을 한 뒤, 구토를 하거나 하제를 사용해서 설사를 유도하는 부정적인 행동을 동반합니다. 그럼으로 인해 신체적·정신적 건강이 악화되는 것이 특징입니다. 신경성 식욕부진증은 식욕을 극단적으로 억제하려 하고, 신경성 폭식증은 식욕을 통제하지 못해서 폭식을 하고 살이 찔 것에 대한 두려움으로 구토를 하는 등의 행동을 하는 것이지요. 그 외에도 지속적으로 폭식을 해서 비만해지는 문제도 모두 섭식장애의 일종으로 볼 수 있습니다.

비단 섭식장애는 우리나라뿐 아니라 세계적으로도 증가하고 있는데요, 대략 전 인구의 2퍼센트, 소녀 및 젊은 여성의 10퍼센트가 섭식장애로 고통받고 있다고 알려져 있습니다. 한 연구에서는 산업 사회에서는 전형적인 여성상과 전형적인 남성상이 더 선호된다는 결과를 발표했는데요, 전형적인 여성상의 이미지가 대체로 대중 매체나 유명 배우들의 이미지 등으로 우리 머릿속에 각인된다는 것을 감안하면, 우리는 어느 새 큰 눈과 갸름한 얼굴형, 마른 체형이 전형적이고 아름답다고 인식하게 된 건지도 모르겠습니다.

이러한 왜곡된 신체 이미지에 대한 대항으로 최근에는 바디 포지티브 운동의 일환으로 늘씬하고 큰 키의 비현실적인 마네킹 대신 현실적인 몸매의 마네킹을 전시하거나 꽉 끼는 속옷이나 바지 대신 편한 옷을 입자는 의견들이 조금씩 힘을 얻고 있기도 합니다.

대표적인 섭식장애인 거식증과 폭식증 모두 다이어트에서 비롯된 경우가 많지요. 겉으로 봐서는 다이어트를 하는 평범한 사람으로 보입니다. 그런데 다이어트와 섭식장애는 다릅니다. 섭식장애를 가진 사람들은 정상적인 생활과 체중을 거부하는 경향이 있습니다. 심각한 수준으로 체중을 감량해도 자신의 상태를 인식하지 못하고 체중을 더 줄여야 한다고 생각합니다. 주위에서 봤을 때 충분히 날씬한데도 기준 자체가 왜곡되어 있는 것이지요. 이로 인해서 점차 대인관계도 힘들어지고 사회 적응에도 문제가 생깁니다. 우울증이나 불안, 강박증이 동반되는 경우도 매우 흔하고요. 그리고 음식에 대한 태도도 다른데요, 음식 앞에서 매우 불안해하며 긴장하고 전반적으로 강박적인 성향을 보입니다. 폭식증을 가진 경우는 분노와 충동 조절이 안 되는 경우가 많고 중독에 취약합니다.

보통은 BMI 17 미만일 때 거식증으로 진단을 하는데요, BMI란 체질량 지수로 체중을 신장의 제곱으로 나눈 값입니다. 보통 정상 범위는 18.5~22.9의 범위로 보고 있고 18 이하를 저체중으로 봅니다. 키 160센티미터에 몸무게 46킬로그램이라면 BMI가 18 정도입니다. 이 정도면 굉장히 날씬한 편인데, 스스로의 신체 이미지가 왜곡되어 있는 경우에는 극단적으로 살을 빼야 한다는 생각에 몰입하는 것이지요. 신체 호르몬의 균형도 깨져 월경이 없어지기도 하고 탈모가 생기거나 몸의 영양 불균형이 생겨 감염병에도 취약합니다. BMI 지수가 17 이하로 낮아지게 되면 일상적인 사고가 어려운 상태가 되는데요, 어떤 일을 예측하고 판단하고 행동하는 쪽에 관여하는 전전두엽의 기능이 굉장히 저하되기 때문에 의사결정에 어려움을 느낍니다. 융통성이 없어지고 원칙이나 자신의 기억에만 집착하게 되기도 하고 대인관계도 힘들어지니 일상생활을 유지하는 것도 힘들고요.

유튜브 먹방을 보다 유혹을 참지 못하고 같이 먹는다는 분들도 있습니다. 실제 먹방의 영향으로 비만이 늘었다는 통계도 있다고 합니다. 먹는다는 것은 본능적인 즐거움을 주는데요, 뭔가를 마시거나 먹으면 우리 몸을 안정시켜주는 미주신경이 활성화되기 때문에 마음이 편안해집니다. 딱딱하게 서로 마주앉아 얘기를 나눌 때보다 차를 마시거나 간식을 먹으며 대화를 나눌 때 훨씬 편하고 자연스럽게 말할 수 있다고 느끼는 것도 이 때문입니다.

섭식장애를 가진 분들 중 많은 분들이 어린 시절 학대 경험이 있습니다. 그로 인해 자존감이 낮고, 불안, 우울, 분노 조절의 어려움 등을 가지고 있으며 강박 성향을 보이기도 합니다. 혼자서 이런 저런 노력을 해봐도 잘 되지 않아서 쉽게 좌절하거나 원래의 패턴을 반복해서 살아가는 경우가 있는데요, 스스로 해결하기 힘든 문제는 꼭 전문가들의 도움을 받으시길 바랍니다.

전문가와의 상담을 통해 약물치료로 도움을 받을 수 있습니다. 그 외에도 인지행동치료나 심리상담, 가족치료 등 다양한 방법들이 있습니다.

문제를 해결하기 위한 시작은 내가 이런 어려움이 있는 상태라는 것을 인정하는 것에서부터입니다. 피하고 싶고 인정하고 싶지 않은 마음에서 계속 도망 다니다보면 더 힘들어지기 때문인데요, 내가 가진 문제를 좀 찬찬히 들여다보는 것이 필요합니다.

폭식증이나 거식증을 진단받을 정도가 아니라 하더라도 그럭저럭 견딜 만하다가 자제력을 상실하면 거식증이나 폭식증으로 빠져들기 쉽습니다. 이들 중 많은 경우 본질적으로는 과식이나 절식이 문제가 아닙니다. 깊게 파고들면 자존감이나 대인관계에 문제가 있는 경우가 많습니다. 표면적인 식사 문제에만 집중하기보다는 내면의 모습을 스스로 관찰하는 것이 꼭 필요합니다.

해결 방법으로는 있는 그대로의 내 모습을 수용하고 사랑하는 연습이 필요합니다. 앞서 이야기한 바디 포지티브 운동도 비슷한 철학을 가지고 있습니다. 내 얼굴, 몸매를 있는 그대로 사랑하고 식사와 체중에 매여 있는 무한 루프에서 벗어나야 합니다. 있는 그대로의 자신의 모습을 사랑하지 못하고 외적인 모습에만 치중하다 보면 자연스럽게 나이가 들어 생기는 외모의 변화나 몸의 변화도 받아들이지 못하게 됩니다. 내가 스스로를 얼마나 인정해주는가와 연결된 맥락이라고 할 수 있습니다.

그러기 위해서는 나를 있는 그대로 인정해주고, 사랑해주는 사람들과의 연결이 필요합니다. 나를 가장 든든히 지원해줄 가족과의 묵은 갈등이 있다면 함께 가족치료를 받는 것도 도움이 됩니다.

나를 외모로만 판단하고 작은 변화에 부정적인 피드백을 주는 사람들과는 일정한 거리를 두는 것이 좋습니다. 제일 먼저 해야 할 것은 SNS를 멀리하는 것입니다. 지나치게 왜곡되어 화려한 이미지들이 가득한 가상현실에 빠져 있다보면 나도 모르게 내 신체 이미지가 왜곡되기 쉽습니다. 가상공간이 아닌 현실에서 만나는 사람들과의 교류에 더 집중해보세요.

마음의 허기는 마음으로 채워야 한다

현대인들에게 빈번하게 문제가 되고 있는 음식 중독에 대해서 한번 살펴보겠습니다. 최근 방송 프로그램에서 '먹방'이 유행입니다. 개인 방송은 말할 것도 없고 지상파에서도 채널을 돌릴 때 마다 누군가가 맛있게 먹는 프로그램을 쉽게 볼 수 있습니다. 인기 유튜버의 '먹방'을 즐겨본다는 지인은 어떤 점이 그렇게 재미가 있냐고 묻는 저에게 오히려 당연한 걸 묻는다는 표정으로 "다이어트 때문에 저는 실컷 먹을 수 없는데 대리만족도 되고, 다양한 음식을 먹는 걸 보면 정보도 얻을 수 있어요!"라고 하더군요.

지인의 말을 듣고 직접 검색해본 그 유튜버는 한 번에 2, 3인분의 음식을 먹는데 군살 하나 없이 건강해 보입니다. '맛있는 음식은 실컷 먹고 살은 하나도 찌지 않고 건강하다!' 우리가 너무나 바라는 판타지 아닌가요? 머릿속으로는 실컷 먹으면서 살이 찌지 않는 건 불가능하다는 것을 알고 있지만, 영상을 보는 동안에는 마음이 편안해지고 점차 영상에 빠져듭니다. 현실과 판타지의 간극에서 괴로울 때 우리는 종종 현실을 부인하고 싶어지니까요.

음식이 주는 작은 행복을 넘어서지 않게

우리가 뭔가를 먹을 때 행복해하고 누군가 식사하는 장면을 보는 것도 즐거워하는데요, 식욕은 아주 본능적인 즐거움이기 때문일 거예요. 동물원에서도 가장 인기 있는 프로그램은 '동물 먹이주기' 프로그램입니다. 농장에 가보면 쉴 새 없이 먹어치우는 말과 양들을 위해 허리를 굽혀 건초나 당근을 나르는 것을 힘들어하기는커녕 즐기는 아이들을 아주 쉽게 목격할 수 있습니다. 우리는 뭔가를 먹을 때 몸이 이완됩니다. 몸이 편안해지는 신경이 활성화되기 때문인데요, 심하게 불안해하고 긴장된 사람에게 '물 한잔'을 건네는 것은 무척 의미 있는 행동인 것이지요. 그런데 뭔가를 먹을 때 몸이 편안해진 경험을 하면 습관적으로 스트레스를 받을 때마다 폭식하는 행동으로 이어질 수 있으니 유의해야 합니다.

특히 빵, 과자, 아이스크림 등 당류가 매우 높은 음식을 한꺼번에 먹게 되면 몸이 편안해지는 것뿐만 아니라 기분이 좋아지는 호르몬 분비가 늘어나기도 하는데요, 이 때문에 최근에는 폭식을 일종의 음식 중독의 개념으로 보기도 합니다. 한꺼번에 아이스크림을 열 개 이상 먹기도 하고 초코 과자 한 상자를 앉은 자리에서 먹었다는 분들의 말을 잘 들어보면 모두 '마음의 허기'와 관련이 있습니다. 마음이 공허하고 뻥 뚫린 거 같을 때, 어디에 마음을 둘지 몰라 괴로울 때 가장 손쉽게 할 수 있는 것이 무언가를 먹는 겁니다. 그런데 최근 연구에서 비만인 사람의 뇌를 일반인과 비교해보니, 단 음식을 먹었을 때 뇌의 보상이 떨어진다는 결과를 밝혀냈습니다. 마치 우리가 마약이나 알코올에 중독되는 것과 마찬가지로 처음에는 아이스크림 한 개로도 마음이 편해지고 만족이 되었는데, 어느 순간 다섯 개 이상을 먹어야 비슷한 보상을 받을 수 있게 된다는 겁니다.

폭식이 습관이 되었다면 멈출 수가 없게 되고 이후에 밀려오는 죄책감으로 힘들어합니다. 우리는 몸을 비만 자체로만 바라보는 경향이 있는데요, "살을 빼고 싶은데 잘 안 빠지네? 살 빼는 약이 있다던데 한번 먹어볼까?" "○○ 수술을 하면 쏙 빠진다는데 그 수술을 해볼까?" "오늘부터 당장 굶어야지!"라고 당장 눈에 보이는 효과에 집중하지만 다이어트 약을 먹다가 끊거나 수술을 하더라도 시간이 지나면, 다시 살이 찌는 것을 경험하게 됩니다.

내 마음의 허기가 어떻게 음식의 허기로 연결되는가에 대한 이해가 없이 단순히 다이어트를 몸매의 관점으로만 바라본다면 어떤 방법이든 향후에 실패할 가능성이 높습니다. 뇌의 에너지와 감정의 균형이 깨질 때 살이 찔 수 있다는 점을 살펴보고, 스트레스 관리를 잘 하는 것, 내 마음의 우울이나 불안을 먼저 잘 들여다보는 것이 최우선 되어야 합니다.

무대공포증으로 불안에 시달리는 사람들

도쿄올림픽의 체조 금메달 주자로 주목받았던 미국 체조 여제 시몬 바일스Siomon Biles는 몸과 마음이 움직여주지 않는 상태인 트위스티즈twisties(체조 선수의 몸과 마음이 하나로 움직여주지 않을 때 쓰는 용어) 때문에 올림픽 종목 경기를 연달아 기권을 했었는데요, 전 세계 팬들의 응원 덕분에 마지막 경기는 치러냈습니다. 큰 무대에서 혹은 사람들의 주목을 받는 자리에만 서면 떨리는 증상을 무대공포증이라고 합니다. 연예인이나 스포츠 스타들도 쉽게 피해가지 못하는 것이 바로 무대공포증이지요.

선수들은 개인 기량을 갈고 닦고 연습하는 것 외에도 중요한 경기에서 긴장하지 않고 실력을 잘 발휘하려면 멘탈을 잘 유지하는 게 정말 중요합니다. 선수들뿐만 아니라, 연극배우나 연주자, 대중 강연을 하는 강연자들에게서 무대공포증은 큰 두려움입니다. 어느 인터뷰에서 성악가 조수미 씨나 뮤지컬 배우 조승우 씨도 무대에 서면 떨린다고 고백했습니다. 프로라고 해서 무대가 떨리지 않는다면 거짓말일 겁니다.

긴장이 되겠지만 보통은 그 상황을 회피하지 않고 활동에 지장을 받지 않습니다. 그렇지만 무대공포증이 생기면 여러 가지 활동에 지장을 받게 됩니다. 예를 들면 피아니스트가 무대에서 연주를 앞두고 갑자기 손이 굳어서 건반을 잘 누를 수 없다든지, 연극배우가 무대에 섰는데 머릿속이 새하얘지면서 대사가 떠오르지 않기도 하고, 연단에 올랐는데 목소리가 떨려서 제대로 말을 할 수 없는 등의 증상들이 있습니다. 이 모두가 무대공포증이고, 무대공포증은 사회공포증의 하나로 볼 수 있습니다.

초등학생 때부터 어른이 되어서까지 시달리는 발표 불안

발표 불안도 사회공포증의 하나인데요, 정신건강의학과를 방문하는 분들 중 가장 흔한 이유가 발표불안이라는 통계도 있습니다. 한 통계에 따르면 미국은 20퍼센트, 캐나다 성인 중에서는 30퍼센트가 발표불안이 있다고 합니다. 학생을 대상으로 한 우리나라 연구에서는 사회불안을 가진 학생이 41퍼센트이고, 그중에는 발표불안이 가장 많다고 합니다.

불안과 공포에 관여하는 편도체라는 뇌의 영역이 과민하게 반응한다는 연구 결과도 있고, 신경전달물질인 세로토닌의 불균형이 있다는 가설도 있는데요, 아직까지 뇌 과학 연구에서 뚜렷한 원인을 밝히지 못했습니다.

발표불안이 있는 사람들의 특징을 살펴보면 완벽주의적인 성격을 가진 경우가 많습니다. 잘 해내려는 스스로에 대한 과도한 기대가 긴장을 불러옵니다. 그리고 발표나 강의를 잘 해오다가 한순간의 경험으로 증상이 악화되는 경우도 많습니다. 예를 들어 발표를 하다 목소리가 떨리고, 당황한 경험을 한 번 했다면 그 이후부터 다시 실수하게 될까봐 미리 겁을 먹는 것이지요. 한 번 실수를 했다고 해도 계속 하다보면 잘 하게 되는 경우가 많은데, 한 번의 실수로 인해 자신감을 잃고 계속 피합니다. 악순환으로 점차 자신감은 떨어지고요.

사회공포증은 대개 청소년기에 시작이 되는 경우가 많고, 그렇기 때문에 사회생활을 하거나 개인의 삶에 대단히 부정적인 영향을 끼칠 수 있습니다. 청소년기에는 스스로에 대한 자아가 형성되는 시기이기도 하고 남들에게 내가 어떻게 보일까를 생각하게 되기 때문인데요, 점차 남들 앞에서 서는 것을 두려워서 회피하고 지내면 스스로에 대해 자책하기 쉽고 우울해지기도 합니다.

심하지 않는 경우는 반복해서 훈련을 하면 저절로 사라지기도 합니다. 그렇지만 그 훈련조차도 시도하기 힘들어할 수도 있고, 완벽주의적인 성향의 사람들은 스스로의 긴장 상태를 잘 인정하지 못하고 계속 회피하는 경우도 많습니다. 무대공포증을 극복하기 위한 방법으로는 약물치료와 인지행동치료 등이 있습니다. 심한 무대공포증이 아닌 경우라도 꼭 입사하고 싶은 회사의 면접이나 한 번 밖에 없는 대회에 나가면 누구라도 긴장이 되고 떨릴 수밖에 없지요. 너무 심한 경우에는 흐트러진 자율신경계의 리듬을 바로 잡기 위해 전문가와 상의 후 약물의 도움을 받을 수도 있습니다.

쫄지 말고 그냥 해

발표를 할 때 불안한 이유는 꼭 잘해야 하고, 완벽해야 한다는 생각이 있기 때문입니다. 초반에 제가 말씀드린 피아니스트의 경우 무대에서만 손가락이 굳고 연습을 할 때는 아무렇지도 않는 것이 특징입니다. 발표불안을 가진 분들도 누군가 앞에서 발표를 해야 할 때는 매우 긴장해서 목소리가 덜덜 떨리지만 일상대화를 할 때는 굉장히 자연스럽게 하지 않나요? 즉 우리가 발표할 때, 완벽해야 한다는 생각이나 청자가 나를 우습게 보지 않을까 하는 생각으로 더 긴장하게 되지요. 실제로 청중 중에서 딴청을 피우는 사람을 한 명이라도 발견하면 내 발표가 정말 재미가 없나보다 생각하게 되고, 더 자신감이 떨어져 갑자기 손이 떨리기도 합니다. 누구라도 사람들 앞에 서면 떨리고 긴장된다는 것을 받아들이고 스스로에게 여유를 주세요. 이렇게 생각을 교정함과 동시에 실제 발표 연습을 해봅니다. 자연스레 인지행동치료를 하는 것이지요.

실제로 사회공포증의 경우는 인지행동치료로 많은 호전을 보입니다. 긴장되었을 때는 우리나라 양궁선수처럼 '쫄지 말고 그냥 대충 해!'라고 스스로 마인드컨트롤 하는 것도 좋은 방법이고요, 발표할 때 청자를 향해 긴장이 된다고 솔직하게 말을 하는 것도 좋습니다. 내가 긴장이 된다는 것을 청중에게 표현하면, 그것 자체로 긴장이 풀리는 효과가 있습니다. 우리가 긴장하는 이유는 상대방이나 앞에 있는 많은 사람들에게 자신이 긴장된 모습을 보여주지 않으려 하고, 완벽한 모습을 보여야 한다는 생각 때문이기도 하거든요. 이것을 명심하고 자신의 부족한 면을 조금씩 고쳐나갈 때, 무대 위에서나 타인 앞에 당당하고 자신 있는 모습을 유지할 수가 있습니다.

말하는 대로 이루어지리라,
피그말리온 효과

오랜 기간 정신질환을 앓는 환자와 가족들을 함께 진료하다 보면, 세월의 흔적을 따라 꽤나 다른 경과를 밟는 경우를 보게 됩니다. 성심껏 치료한 보람도 없이 나날이 경과가 나빠지는 사람들이 있는가 하면 속도가 더디긴 하지만 천천히 호전을 보이는 분들도 있습니다. 곰곰이 생각해보면 그 차이는 환자를 둘러싼 의미 있는 관계들의 기대에 있었습니다. 여기서 말하는 기대란, 막연한 환상이나 요행을 의미하는 것이 아닙니다. 많은 환자와 가족들은 자고 일어나면 깨끗이 병이 나아 있기를 바라거나 기적처럼 훌훌 털고 일어나기 바라지만 현실적으로는 정말 힘들지요. 그보다는 있는 병 자체를 있는 그대로 바라보고,

회복하면서 그 수준에 맞게 조금씩 성취를 해나가는 데 응원을 하는 것입니다.

주위 시선을 많이 의식하는 우리나라 문화를 감안하면 내 자녀가 좋은 대학에 입학할 때까지만 해도 큰 기대를 품었는데, 갑작스레 큰 병을 얻게 되면 지인들의 자녀들과 비교가 되고 속이 상할 수도 있습니다. 그렇지만 다른 사람의 경우와 비교하는 대신 내 자녀의 속도에 맞춰 응원하다 보면 어느덧 힘든 병을 제법 껴안고 살아갈 만해질 겁니다.

일종의 피그말리온 효과라고도 볼 수 있는데요, 이는 그리스 신화에서 유래한 것입니다. 조각가 피그말리온은 이상적인 여인을 조각상으로 만들어 사랑에 빠집니다. 아프로디테는 피그말리온의 그런 모습에 감동을 하여 여인상에 생명을 불어넣어 주었습니다. 어떤 일을 간절히 바라면 이루어진다는 말이 여기에서 탄생했습니다. 실제로 하버드대 교수 로버트 로젠탈Ronert Rosenthal은 이와 비슷한 실험을 진행했습니다. 한 초등학교에서 무작위로 20퍼센트의 학생들을 뽑아 그 명단을 선생님에게 주면서 IQ가 높은 학생들이라고 말한 것이지요. 선생님은 명단에 있던 학생들이 더 좋은 성과를 보일 것으로 기대했을 텐데요, 놀랍게도 8개월 후 명단에 오른 학생들이 다른 학생들보다 평균 점수가 높았다고 합니다. 선생님들의 기대가 무의식적으로 학생들에게 전달되어 아이들 역시 그 기대에 부응한 노력의 결과라고 할 수 있습니다.

간절히 무엇인가를 바라는 것은 강한 에너지를 가지고 있는데요, 든든한 지지자인 부모나 선생님이 주는 무언의 메시지는 놀라운 효과를 발휘하게 됩니다. 누군가가 나에게 기대하고 있다, 나를 있는 그대로 믿어준다는 느낌은 그야말로 무언의 '느낌'으로 전달받게 됩니다. 그 순간에 사람은 이해받고 있음을 느끼며 변화에 대한 강한 동기부여를 가지게 되는 것이지요.

있는 그대로 바라보는 것만으로도 달라지는 것들

누군가의 마음이 전달되고 연결되어 있다는 것을 정신과 의사 대니얼 스턴Daniel N Stern은 감정조율이라고 했습니다. 마치 오케스트라에서 화음을 맞춰서 연주하듯이 우리 감정도 서로 연결이 된다는 것입니다. 이 상태에서는 두 사람의 뇌파도 비슷하게 일치가 된다고 합니다. 부모님 혹은 선생님, 나를 아껴주는 누군가로부터의 신뢰나 기대는 스스로에 대한 자신감으로 연결이 됩니다. 반대로 "네가 그러면 그렇지, 정말 할 수 있겠어?" "이럴 줄 알았지." 등의 무시하는 말이나 기대하지 않는 표정이나 태도는 사람을 위축되게 만들고, 자신감을 잃게 합니다.

종종 중요한 사람으로부터 받은 무시와 비난은 우리 뇌에 강한 자국을 남기게 되는데요, 깊은 뿌리를 내린 낮은 자존감은 '나는 무능해, 항상 부족하지'라는 자기 비난과 '세상은 냉혹해, 내가 감당하기 힘들어'라는 부정적 세계관을 만들어냅니다. 종종 대인관계의 어려움이나 마음의 상처가 있는 분들과 면담을 하다 그 기억을 따라가다 보면 매우 오래전의 부정적 기억으로 연결되는 경우가 많은데요, 이것을 초기의 기억이라고 합니다. 트라우마 치료로 유명한 프랜신 샤피로Francine Shapiro는 '시금석 기억'이라고 부르기도 했습니다.

피그말리온 효과를 설명하다 보면 이렇게 묻는 분들이 있습니다. "우리 아이에게 얼마나 '기대'가 큰 줄 아세요? 어릴 때는 어찌나 똑똑했는지 명문대에 갈 거라고 기대했는데, 지금은 정신과 치료를 받고 있으니… 친척들에게 말도 못하고 있어요. 지금이라도 툭툭 털고 일어서서 빨리 좋아지기를 기대하고 있어요."라고 말입니다. 그런데 우리가 피그말리온 효과에서 꼭 기억해야 할 것이 있습니다. 앞에서도 말했듯이 그 사람을 있는 그대로 바라보며 도와줘야지, 당장 무리한 것을 기대하며 요구하면 안 됩니다. 피그말리온 효과를 오해하여 그 사람의 욕구와 속도를 무시하고 과도한 기대를 강요해선 절대 안 됩니다.

에필로그

삶의 변화를 이끄는
좋은 사람들과 관계 맺기의 힘

아이가 유치원을 다닐 때 취미로 아이와 함께 바이올린을 배웠습니다. 할아버지가 사주신 바이올린 모형의 장난감을 제법 잘 가지고 놀던 아이에게 "바이올린 배워볼래?"라고 권했더니 선뜻 배워보겠다고 했던 터라, 바로 레슨을 시작했지요. 첫 레슨이 끝나고 작은 바이올린의 현을 조심스럽게 활로 켜봤던 순간을 지금도 기억합니다.

작은 악기를 껴안듯이 귀 가까이에 대고 활로 그으면 쨍하고 나는 소리가 그 어떤 유명한 바이올리니스트의 연주보다 더 생생하게 귀에 울려 저 역시도 바이올린 소리에 매료되었습니다. 취미로 시작했고 연습 시간을 많이 할애하지 못해서 저희 모자는 그다지 진도가 빠르지 않았지만, 즐겁게 바이올린 곡들을 종종 함께 연습하고 또 감상하곤 했습니다. 하루는 같은 곡을 여러 바이올리니스트의 연주로 감상하던 중 아이가 말합니다.

> "A 연주자는 비브라토(바이올린을 떨리게 연주하는 기법)를 너무 많이 사용하고 B연주자는 좀 적당히 사용하는 거 같아."

A와 B는 유명한 연주자들이라서 둘 다 매우 아름다운 연주였습니다. 뭔가 다른 듯도 했지만 저는 그 차이를 알아채지 못했고, 아이는 섬세한 연주의 차이를 느낀 것이지요. 태어나서 처음 연주해보는 악기를 같이 연습하고 들었지만, 아이의 뇌에는 바이올린의 소리가 더 생생하게 새겨진 반면 어른인 제 머릿속엔 희미한 그림자만 남겼을 뿐이었습니다.

실제로 바이올린을 만 5세 이하 정도에 시작한 아이들과 그렇지 못한 아이들의 뇌 영상을 촬영해보니 악기를 연주하는 데 필요한 뇌 영역 면적의 차이가 있었다는 의견도 있습니다. 이처럼 어린 시절부터 단단하게 두뇌에 길을 만드는 것들이 외국어 습득이나 악기 연주, 애착이라고 알려져 있습니다. 어려서부터 안전하고 긴밀하게 연결된 관계를 경험한 사람과 그렇지 않은 사람의 뇌의 신경 연결망은 다를 수 있다고 쉽게 추측할 수 있는 것이지요.

'나 스스로는 너무나 소중해서 다른 사람이 뭐라고 하던 난 괜찮아'라고 생각하는 사람들은 어려서부터 안전한 관계를 경험해서 마치 바이올린 연주에서 비브라토를 빨리 알아챌 수 있는 이들과 같습니다. 그런데 그렇지 못한 경우 나와 타인의 경계가 명확치 않아 타인에 의해 훨씬 영향을 많이 받게 됩니다. 그래서 때로는 주위의 인정을 얻지 못하면 스스로가 너무나 초라하게 여겨지기도 하지요. 안전하고 단단한 관계를 경험하지 못한 경우입니다. '그럼 이미 그렇게 살아왔는데 어쩌라고? 정말 답이 없다는 거야?'라고 생각할 수 있지만 '이미 어린 시절 힘든 관계를 경험해서 험난한 인생은 어쩔 수 없는 거야'라는 비관주의적 사고를 조심해야 합니다. 우리가 인생을 살아가면서 어떤 사람들과 좋은 관계를 이어나가고 영향을 받는가에 따라 우리들은 언제든지 변화할 수 있습니다.

많은 심리치료에서 결국 추구하는 목적이 교정적 감정체험 corrective emotional experience인 것도 그 때문입니다. 평생 익숙한 관계 패턴에서 벗어나, 내 감정을 인정받고 위로받는 안전한 관계를 경험해나가는 것이지요. 어렸을 때 힘든 대인관계의 패턴이 머릿속에 각인이 되어 있더라도 좋은 배우자를 만나거나 좋은 동료들을 만나 그 관계를 잘 형성해나가면 건강한 관계 패턴이 내면에 자리 잡게 되는 것입니다.

누구와 어떻게 시작해야할지 어려운 상태라면 치료자와 함께 상담을 시작해도 좋습니다. 속도는 더디지만 성인이 되어서도 악기를 배우는 것이 불가능하지 않은 것처럼 우리는 천천히 익숙해질 수 있습니다.

저는 매일 인정에 목말라하고 한편 불안해하는 내담자들의 내면에 성장하지 못한 아이들을 만납니다. 그리고 상담실을 찾지 않더라도 인생을 살아가면서 주변인들과 좋은 관계를 유지할 수 있는 다양한 방법들을, 이 책에서 쉽게 소개해보고자 목표를 세웠습니다.

저도 사람들 사이에서 상처받은 이들을 매일 만나면서, 그들과 함께 아파하고 같이 길을 찾으며 성장할 수 있었습니다. 저 또한 사람들 사이에서 항상 좋은 관계를 맺고 싶은 평범한 사람입니다.

늘 저를 따뜻하게 지지해주는 소중한 남편과 사랑하는 아들, 힘이 되는 동료들 덕분에 이 책을 쓸 수 있었습니다. 이 자리를 빌려 심심한 감사의 말을 전합니다.

– 김민경

참고자료

《마음의 오류들》, 에릭 캔델, 알에이치코리아(2020)

《호모 데우스》, 유발 하라리, 김영사(2017)

《느낌의 진화》, 안토니오 다마지오, 아르테(2019)

《다미주 이론》, 스티븐 W. 포지스, 위즈덤하우스(2020)

《생각에 관한 생각》, 대니얼 카너먼, 김영사(2012)

《감정의 치유력》, 다이애나 포샤 외, NUN(2013)

《마음의 발달》, 대니얼 J. 시겔, 하나의학사(2018)

《여러미주신경이론》, 스티븐 포지스, 하나의학사(2022)

《충분히 좋은 엄마》, 도널드 위니코트, 펜연필독약(2021)

《닥터 도티의 삶을 바꾸는 마술가게》, 제임스 도티, 판미동(2016)

《살아있는 DBT》, 찰리스 R. 스벤슨, 시그마프레스(2020)

《이토록 뜻밖의 뇌과학》, 리사 펠드먼 배럿, 더퀘스트(2021)

《정신화 중심의 경계성 인격장애의 치료》, 앤서니 베이트만, 피터 포나기, NUN(2012)

《냄새의 심리학》, 베티나 파우제, 북라이프(2021)

《변신·시골의사》, 프란츠 카프카, 민음사(1998)

《19호실에 가다》, 도리스 레싱, 문예출판사(2018)

《클라라와 태양》, 가즈오 이시구로, 민음사(2021)

《명상 살인》, 카르스텐 두세, 세계사(2021)

《어린 왕자》, 앙투안 드 생텍쥐페리, 마음시선(2021)

《우리는 사랑에 대해 얼마나 알고 있을까》, 수잔 존슨, 지식너머(2015)

《나의 수치심에게》, 일자 샌드, 타인의사유(2021)

《생각한다는 착각》, 닉 채터, 웨일북(2021)

《반려동물과 이별한 사람을 위한 책》, 이학범, 포르체(2021)

《수치 어린 눈》, 메리 에이어스, NUN(2014).

《공감은 지능이다》, 자밀 자키, 심심(2021)

《우리는 어떻게 마음을 움직이는가》, 크리스 보스, 탈 라즈, 프롬북스(2016)

《우리 인간의 아주 깊은 역사》, 조지프 르두, 바다출판사(2021)

《불안》, 조지프 르두, 인벤션(2017)

《공간의 미래》, 유현준, 을유문화사(2021)

《숨결이 바람 될 때》, 폴 칼라티니, 흐름출판(2016)

《죽음과 죽어감》, 엘리자베스 퀴블러 로스, 청미(2018)

《마음이 답답할 때 꺼내보는 책》, 김민경, SISO(2021)

《현대인의 심리유희》, 김민경, 바이북스(2021)

《PSYCHOTHERAPY OF PREOEDIPAL CONDITIONS》, Hyman Spotnitz, Jason Aronson(1995)

〈가스라이팅 체크리스트〉, 한국데이트폭력연구소

하버드 특강(EBS TV), 마이클 샌델(2011)

정신건강의학 전문의가 알려주는
내 마음 다치지 않으면서 타인과 잘 연결되는 법
나는 관계가 어려운 사람입니다

초판 1쇄 발행 2022년 7월 20일

지은이 김민경

기획편집 김소영
디자인 알레프

펴낸곳 언더라인
출판등록 제2022-000005호
팩스 0504-157-2936
메일 underline_books@naver.com
인스타그램 @underline_books

ISBN 979-11-978601-2-6 03180